ADAC

Roadtrips Südtirol

von Manuela Blisse und Uwe Lehmann

DER SONNE ENTGEGEN ab S. 30

Etappe 1
Brennerpass – Sterzing

Etappe 2
Sterzing – Klausen

Etappe 3
Klausen – Bozen

KURVENSPASS UND GIPFELGLÜCK

ab S. 110

Etappe 1
Reschenpass – Spondinig

Etappe 2
Spondinig – Sulden – Spondinig

Etappe 3
Spondinig – Meran

DOLCE VITA IN DEN BERGEN

ab S. 82

Etappe 1
Meran – Sterzing

Etappe 2
Sterzing –Bozen

Etappe 3
Bozen – Meran

Südtirol

IN DIE WELT DER DOLOMITEN

ab S. 56

Etappe 1
Mühlbach – Innichen

Etappe 2
Innichen – Cortina d'Ampezzo

Etappe 3
Cortina d'Ampezzo – Klausen

ZWISCHEN BURGEN UND SCHLÖSSERN DURCHS WEINLAND

ab S. 136

Etappe 1
Bozen – Kaltern

Etappe 2
Kaltern – Kurtatsch

Etappe 3
Kurtatsch – Trient

UMSTEIGEPUNKTE
Übergangsmöglichkeiten zu anderen Touren und Etappen

Seite 70

Fahrspaß pur versprechen die Kurven und Kehren hinauf auf den Falzarego-Pass in den Dolomiten.

Inhalt

Es geht los!

Unterwegs

Der Sonne entgegen

In die Welt der Dolomiten

Seite 77

Die Seiser Alm ist die größte Hochalm Europas und ein Paradies für Wanderer, Radler und Skifahrer.

Einfach losfahren!

So bauen Sie sich Ihre individuelle Traumtour

Die in diesem Band vorgeschlagenen Routen führen durchweg über landschaftlich schöne Straßen, häufig mit spektakulären Ausblicken. Fahrerisch sind sie manchmal spannend. Besonders kleinere Straßen weisen häufig Schlaglöcher und abgesackte Fahrbahnteile auf, die überraschend kommen können. Es gilt also, mit Ruhe und Genuss das Land zu erfahren: Genießen Sie jeden Moment des Unterwegsseins!

Achtung: Die hier vorgeschlagenen Touren sind für Pkw oder Motorrad konzipiert. Große Wohnmobile oder besonders hoch gebaute Vans können nicht überall fahren. Mit der Navigation in der ADAC Trips App können Sie die Tour exakt abfahren. Sollten Sie im Vorfeld die Route planen wollen, z. B. für spezielle Fahrzeugtypen, empfehlen wir unseren Routenplaner unter maps.adac.de.

UMSTEIGEPUNKT
BOZEN

Sehenswertes in der Umgebung

IHR WEGWEISER: UMSTEIGEPUNKTE
Jede Tour in diesem Band besteht aus mehreren Etappen. Etappen und ganze Touren lassen sich mittels Querverbindungen kombinieren, abkürzen oder variieren. Dazu dienen besonders die Umsteigepunkte. Alle Umsteigepunkte sind auch reizvolle Orte für ein festes Standquartier.

Diesen QR-Code finden Sie bei jedem Umsteigepunkt. Er führt Sie direkt zu einer Umkreissuche in der ADAC Trips App, hier können Sie die umliegenden Sehenswürdigkeiten und Orte nach Ihren Wünschen sortieren und den Radius festlegen, in dem Sie weitere spannende Entdeckungen finden.

Satte Almwiesen und markante Dolomitengipfel machen den Reiz vieler Strecken aus.

DOWNLOAD DER ADAC TRIPS APP

Einfach mit der Handy-Kamera einscannen: Mit diesem Code können Sie für Ihr Handy-Betriebssystem (iOS oder Android) die kostenlose ADAC Trips App herunterladen.

IHR GANZ PERSÖNLICHER ROADTRIP

Jede Etappe hat einen eigenen Schwerpunkt: Wasser, Kulinarik, Kultur oder Natur. Gestalten Sie Ihren ganz persönlichen Roadtrip!

Navigation und GPX-Download

IMMER GUT GEPLANT: NAVIGATION UND GPX-DATEN

Diesen QR-Code finden Sie zu Beginn jeder Tour. Der Scan erlaubt Ihnen die Navigation vor Ort direkt über ADAC Trips App – oder Sie laden sich die GPX-Daten zu jeder Tour auf Ihr eigenes Navigationsgerät.

Weitere Details in der ADAC Trips App

REISE-ERLEBNISSE IN DER APP

Überall im Buch, wo Sie diesen QR-Code neben dem Text sehen, führt Sie der Scan direkt zu allen Details der beschriebenen Sehenswürdigkeit – mit laufend aktualisierten Details und Informationen.

Erlebniswelten Südtirol

Einzigartig und magisch

Südtirol ist einzigartig. Wer von Norden über den Brenner kommt und an der ersten Autobahnraststätte einen Cappuccino trinkt, spürt schon hier den Zauber und die Magie Südtirols. An der Schnittstelle zwischen Nord und Süd entfaltet die Region ein besonderes Flair. Hoch wachsende Palmen und blühende Obstwiesen treffen auf spektakuläre Gipfel und ewiges Eis, mediterrane Lässigkeit auf alpinen Lifestyle, italienische Pasta auf Südtiroler Schüttelbrot, urige Wirtshäuser auf stylishe Weinbars, altehrwürdige Burgen und Schlösser auf moderne Architektur. Vielfalt ist in Südtirol Programm – eben einzigartig und magisch.

WASSER
LANDSCHAFT
KÜCHE
KULTUR

Seite 56
Das Licht der ersten oder letzten Sonnenstrahlen in den Dolomiten schafft eine magische Kulisse für Autofahrer.

Wasserreiche Bergregion

Flüsse, Seen und ein Wasserfall vor hoher Gipfelkulisse

Neben den Bergen und Gipfeln der Alpen ist auch Wasser ein prägendes Element in Südtirol. Sei es als Schnee im Winter, der im Frühjahr als Schmelzwasser die Flüsse und Seen füllt, aber auch in Form von gefrorenem Wasser, der Gletscher etwa im Südtiroler Teil der Ötztaler und Stubaier Alpen. All das verbindet sich zu einem wunderbaren Naturerlebnis, bietet aber auch reichlich Gelegenheit, aktiv zu werden oder zu entspannen.

VON DEN BERGEN ZU TAL

Drei Flüsse bilden die drei großen Täler Südtirols. Sie entspringen allesamt an der Grenze zu Österreich. Den Vinschgau durchfließt der Oberlauf der **Etsch**, die am Reschenpass in den Ötztaler Alpen entspringt und zwischen Meran und Bozen das Etschtal bildet (Tour 3, Etappe 3). Der **Eisack** entspringt am Brenner und fließt durch das gleichnamige Tal gen Süden (Tour 1), um sich bei Bozen mit der Etsch zu vereinen. Die **Rienz** schließlich bahnt sich ihren Weg von den Drei Zinnen an der Grenze zu Osttirol durch das Pustertal (Tour 2, Etappe 1) und mündet bei Brixen in den Eisack.
Ein buchstäblich berauschendes Spektakel hält Südtirol im Vinschgau bereit: Der **Partschinser Wasserfall** (Tour 4, Etappe 3) ist mit 97 m Fallhöhe nicht nur der höchste in Südtirol, er gilt auch als einer der schönsten im gesamten Alpenraum.

INS UND AUF DAS WASSER

Segeln, Surfen, Schwimmen oder Eislaufen – zahlreiche Südtiroler Seen laden zu Aktivitäten und Entspannung ein. Zu den bekanntesten Gewässern zählt der **Kalterer See** (Tour 5, Etappe 2), der wärmste Badesee der Region. Der **Reschensee** (Tour 4, Etappe 1) hingegen liegt in hochalpinem Gelände, ist eher kalt und durch den aus dem See herausragenden Kirchturm bekannt. Im Winter übrigens ein beliebter Treff für Eissegler.
Ebenfalls in alpiner Umgebung und in einmalig schöner Lage inmitten der Pragser Dolomiten befindet sich der **Pragser Wildsee** (Tour 2, Etappe 1), zwischen Bruneck und Toblach in den Pragser

Zum Baden ist er zu kalt, dafür ein Bergsee wie aus dem Bilderbuch: der Toblacher See.

Dolomiten. Nicht umsonst trägt er den Beinamen »Perle der Dolomitenseen«. Nur die Abgehärtetsten wagen jedoch im Sommer den Sprung ins richtig kalte Nass des Bergsees. Ideal zum Baden ist hingegen der kleine **Vahrner See** bei Brixen (Tour 1, Etappe 2). Ein weiteres Beispiel für die Südtiroler Seenvielfalt: der **Toblacher See** (Tour 2, Etappe 1) im Hochpustertal am Naturpark Drei Zinnen. Der Bergsee liegt idyllisch und ist geschichtsträchtig. Mussolini ließ hier fünf Bunker erbauen, um den Zugangsweg nach Italien zu kontrollieren. Im Sommer kann man rudern, im Winter stehen Eislaufen und Curling auf dem Programm – und auch die Hauptloipe durch das Hochpustertal verläuft um den See. Nicht minder schön liegt der **Misurinasee** nahe den Drei Zinnen (Tour 2, Etappe 2).

HEILKRAFT WASSER

Bleibt als letztes Wasser noch das Thermal- und Mineralwasser. Einer Vielzahl von Quellen wird eine heilende Wirkung zugesprochen. Die bedeutendste Therme des Landes ist die Therme der Kurstadt **Meran** (Tour 3). Mit ihrem großen Angebot an verschiedenen Pools, Saunen, Dampfbädern sowie Wellness- und Spa-Anwendungen lohnt sie zu jeder Jahreszeit einen Besuch.

Einladung zur Bootstour auf dem vielleicht schönsten See in den Dolomiten, dem Pragser Wildsee (S. 63).

Die Langkofelgruppe mit dem namensgebenden Berg links und dem Plattkofel ganz rechts war vor Urzeiten ein Korallenriff.

Gipfel aus dem Urmeer

Die Landschaften Südtirols sind alt, sehr alt

Die Kulisse aus schroffem, Tausende Meter in die Höhe ragendem Fels und sanften grünen Almen, wie wir sie heute sehen, hat ihren Ursprung vor Jahrmillionen, als sich europäische und afrikanische Kontinentalplatten in die Quere kamen und das Gestein in die Höhe trieben.

3000ER IM DUTZEND

Insgesamt über 350 Berggipfel über 3000 m ragen in Südtirol in die Höhe, und auch Teile der Ötztaler Alpen mit der Texelgruppe und dem größten Naturpark Südtirols sowie der Zillertaler und der Stubaier Alpen gehören zu Südtirol.

Doch nicht alle Berge Südtirols sind auch Dolomitengipfel. So gehört etwa der höchste Berg der Provinz, der 3905 m hohe **Ortler** im Vinschgau (Tour 4, Etappe 2) nicht zu den Dolomiten, sondern zur Ortler-Gruppe in den Ostalpen. Höchster Berg der Dolomiten ist die 3343 m hohe Marmolata, die 2022 wegen eines verheerenden Gletscherabbruchs in den Schlagzeilen war.
Die Dolomiten, die schon zu den südlichen Alpen gezählt werden, wurden von der UNESCO im Jahr 2009 »wegen ihrer monumentalen Schönheit«, so die Begründung, zum Welterbe erklärt. Nach Westen hin trennt das Eisacktal die Dolomiten vom Rest Südtirols

SATTES GRÜN UNTER HOHEN GIPFELN

Aber nicht nur die Felsen und Gipfel, auch die satten, grünen Almen wie die **Seiser Alm** am Schlern (Tour 2, Etappe 3), die größte Hochalm Europas, prägen das Landschaftsbild.
In den Dolomitentälern leben heute deutsch-, italienisch- und ladinischsprachige Volksgruppen. Vor allem die Ladiner im Dolomiten-Kerngebiet rund um Sella und Langkofel – Gröden, Gadertalk, Fassatal und Cortina d'Ampezzo bilden die Region Ladinien – halten ihre Traditionen hoch. An der Sprachgrenze zwischen dem vorwiegend deutschsprachigen Villnößtal und dem ladinischen **Gadertal** (Tour 2, Etappe 3) ragt die formvollendete Spitze des Peitlerkofels, ein eher unbekannter, aber sehr schöner Dolomitengipfel, über die Almwiesen.

NATURGENUSS FÜR JEDE JAHRESZEIT

In der kalten Jahreszeit ist die Südtiroler Bergwelt ein absoluter Traum für Wintersportler. Mit 15 Skigebieten und 1200 Pistenkilometern ist Dolomiti Superski eine der größten und attraktivsten Skiregionen der Welt – vor allem die berühmte Sella-Ronda zieht Skifahrer und Snowboarder magisch an. In den beliebten Gletscher-Skigebieten bei **Sulden** (Tour 4, Etappe 2) und im **Schnalstal** (Tour 4, Etappe 3) wiederum geht es hinauf bis auf deutlich über 3000 m Höhe.
Im Sommer wandelt sich die Südtiroler Bergwelt zu einem Eldorado für Wanderer, Bergsteiger, Kletterer und Mountain-Biker. Im August bevölkert dann »tutto Milano« die bekannten Tal-Orte wie **St. Ulrich** (Tour 2, Etappe 3) oder **Corvara** (Tour 2, Etappe 3) und eine lange Autokarawane schlängelt sich Stoßstange an Stoßstange die berühmten Passstraßen hinauf.

Dantercepies
Dantercepies

Gröden und Wolkenstein am Fuß des mächtigen Langkofels zählen zu den beliebtesten Wintersportorten in den Alpen.

Schlutzkrapfen, kurz »Schlutzer«, sind die Ravioli Südtirols.

Eleganz des Rustikalen

In Südtirols Küche verschmelzen alpine und mediterrane Einflüsse

Hochwertige regionale Produkte, erstklassige Weine, bodenständige Gasthäuser und feine Restaurants machen Südtirol zu einem Land für Genießer. Kulturelle und kulinarische Einflüsse haben hier eine Küche entstehen lassen, die ebenso innovativ wie kreativ das Beste auf den Teller bringt, was die Region bietet.

ÖSTERREICHISCH-ITALIENISCHE ALLIANZ

Und die Südtiroler Küche hat eine kreative Eigenständigkeit, die sich aus unterschiedlichen Einflüssen speist. Da gibt es Süßes und Deftiges aus Österreich und der traditionellen k.u.k. Küche, Pizza, Pasta und Risotto aus Italien und Fisch von den Küsten des

Mittelmeers. Dazu kommt noch die ursprüngliche, einfache, aber einfach gute ladinische Regionalküche. Typisch ladinisch sind etwa die Turtres, in Öl ausgebackene, gefüllte, runde Küchlein. Bekannte Südtiroler Spezialitäten sind etwa der omnipräsente geräucherte Speck, der ebenso wie die Kaminwurzen bei keiner Marende (Brotzeit) fehlen darf, das Schüttelbrot, Schlutzkrapfen, die Südtiroler Variante der Ravioli und unzählige Knödel-Varianten wie etwa die Spinatknödel.

Bei der echten Südtiroler Marende wird es deftig. Dazu gehört natürlich reichlich Südtiroler Speck.

DEFTIGE STÄRKUNG

Die typischen Südtiroler Produkte und Gerichte bekommt man nicht nur in Gasthäusern, sondern auch in so genannten »Buschenschänken«, saisonal geöffnete Gaststätten auf Bauernhöfen und Weingütern. In den Buschenschänken findet im Herbst auch ein beliebter Brauch – und Touristenattraktion – statt, das Törggelen. Der Name kommt von »Torggl», dem Begriff für die Weinpresse. Auf der Wanderung von Hof zu Hof, oder besser von Buschenschänke zu Buschenschänke, verkostet man die »Nuien«, die neuen Weine der aktuellen Saison. Dazu isst man Geselchtes, Speck, Kaminwurzen, Käse und Kötschn (geröstete Kastanien).

WEINLAND SÜDTIROL

Wein, das ist das Stichwort. Südtirol hat sich, ebenso wie das benachbarte Trentino, zu einem Geheimtipp unter den europäischen Weinregionen entwickelt – und das obwohl oder gerade weil die Anbaufläche mit rund 5000 Hektar eher klein ist. Aber die Winzerinnen und Winzer setzen seit Jahren verstärkt auf Qualität statt auf Masse. Dabei wird mehr Rot- als Weißwein produziert. Allerdings zählen gerade die Weißweine zu den besten Italiens. Das liegt am mediterran-alpinen Klima, der Qualität der Böden, der teils besonderen (Höhen-)Lage der Weinberge und an modernisierter Kellertechnik. Mengenmäßig vorne liegen jedoch die autochthonen roten Rebsorten Vernatsch und Lagrein.
Das Schöne: Es gibt im ganzen Land zahlreiche gute Vinotheken und jedes Wirtshaus, jedes Restaurant legt Wert darauf, seinen Keller gut mit Südtiroler Weinen gefüllt zu haben, die wunderbar mit der Südtiroler Küche harmonieren.

Reiches Erbe

Unterschiedlichste Einflüsse haben die Region geprägt

Von den Römern über die 550-jährige österreichische Herrschaft und den Ersten Weltkrieg bis zur Angliederung des Landes an Italien hat die wechselvolle Geschichte ihre Spuren hinterlassen. Nicht zuletzt in den unzähligen Schlössern, Burgen, Herrenhäusern, Kirchen und Klöstern, die zahlreiche einzigartige Kunstschätze beherbergen und heute besucht werden können.

VON DER EISZEIT ZU DEN RÖMERN

Frühe Jäger nomadisierten bereits um 8000 v. Chr. durch die Bergwelt. Als einer der ersten bekannten Südtiroler darf »Ötzi« gelten, der »Mann aus dem Eis«, der in der Kupferzeit vor ca. 5300 Jahren lebte. Jahrtausende ruhte seine Mumie in der eisigen Bergwelt, bis sie zufällig entdeckt wurde. Heute ist ihm im Südtiroler Archäologiemuseum in **Bozen** (Tour 1, Etappe 3, und Tour 3, Etappe 2) eine Dauerausstellung gewidmet.

Richtig los mit der Entwicklung Südtirols ging es aber erst mit den Römern. Auf sie geht auch die erste wichtige Handelsstraße zurück, die Via Claudia Augusta über den **Reschenpass** (Tour 4, Etappe 1) bis nach Augsburg.

Das ist sie, die Burg, die einem ganzen Land ihren Namen gab: Schloss Tirol.

WECHSELNDE BESITZVERHÄLTNISSE

Im Jahr 1248 übernahmen die Grafen von Vinschgau, die sich nach ihrem **Schloss Tirol** oberhalb von Meran (Tour 4, Etappe 3) »Grafen von Tirol« nennen, die Herrschaft. Gräfin Margarete Maultasch vermachte Tirol 1363 dem Habsburger Rudolf IV. Danach gehörte Tirol über 500 Jahre zum Habsburger Reich. Die Österreicher hinterließen so mächtige Bauwerke wie die **Franzensfeste** (Tour 1, Etappe 2) und brachten den Tourismus in Schwung: Kaiserin Sissi liebte **Meran** (Tour 3, Etappe 1, und Tour 4 Etappe 3),

Der Almabtrieb ab Mitte September hat in Südtirol vor allem im Schnalstal Tradition und gehört zum immateriellen Weltkulturerbe der UNESCO.

damals die Hauptstadt Tirols, und bei einem Gang durch die Stadt begegnet man ihr auf Schritt und Tritt – sei es auf der Sissi-Promenade oder beim Sissi-Kuchen.

DER WEG ZUR AUTONOMIE

Die Geschichte der heutigen Provinz Südtirol beginnt nach dem Ersten Weltkrieg, als Südtirol Italien zugesprochen wird und unter Diktator Mussolini eine Zwangsitalienisierung Südtirols beginnt. Auch nach dem Zweiten Weltkrieg verbleibt Südtirol bei Italien und erhält 1946 erste Autonomierechte, die jedoch kaum eingehalten werden. Erst nach zähem Ringen im italienischen Parlament wird 1972 die weitgehende Autonomie Südtirols gesetzlich verankert.

FANTASIEVOLLE ABGESCHIEDENHEIT

Viele Täler waren lange Zeit von der Außenwelt abgeschnitten, sodass sich zahlreiche ganz eigene Bräuche und Traditionen entwickelten, die bis heute gepflegt werden. Das »Klöckeln«, ein alter Adventsbrauch, bei dem Gruppen von Männern mit Masken und in Tracht laut lärmend und singend von Haus zu Haus ziehen und Gaben »erbitten«, hat sich etwa nur im **Sarntal** gehalten (Tour 3, Etappe 2). Das »Scheibenschlagen« wiederum, ein Feuerritual, bei dem brennende Holzscheiben zu Tal geschleudert werden, wird im **Vinschgau** (Tour 4) zum Ende der Faschingszeit zelebriert, und auch der herbstliche Almabtrieb hat eine lange Tradition.

Südtirols Highlights im Wechsel der Jahreszeiten

Sand in Taufers

Käsefestival

Südtirol ist Genießerland. Alle zwei Jahre, das nächste Mal im März 2024, öffnet sich in Sand in Taufers der Käsehimmel. Drei Tage lang wird Käse in allen Variationen genossen, verkostet und verkauft.

Regionsweit

Tour of the Alps

Mit dem Frühling beginnt für Freizeitfahrer und Profis auch die Radsaison. Letztere erklimmen alljährlich bei der schweren Rundfahrt im April etliche steile Südtiroler Passstraßen (www.tourofthealps.eu).

März

Der Frühling hält Einzug. Auf den Terrassen der Cafés in Bozen und Meran genießt man die ersten warmen Sonnenstrahlen.

Tagesdurchschnittstemp. 5 °C

April

Im Unterland wird es jetzt schon richtig warm und alles blüht. In den Dolomiten genießen Skiläufer die letzten Saisontage beim Sonnenskilauf.

Tagesdurchschnittstemp. 10 °C

Reben links, Reben rechts

Durch üppig grünes Weinland schlängelt sich eine Straße gen Süden Richtung Bozen und führt vorbei an herrschaftlichen Ansitzen und durch idyllische Dörfer (Tour 5, ab S. 136).

Brixen

Water Light Festival

Seit 2017 findet dieses Festival alljährlich im Mai statt. Lokale und internationale Künstler verwandeln Brixens Altstadt in eine Open-Air-Galerie mit Kunstwerken rund um die Themen Wasser und Licht.

Seiser Alm

Oswald von Wolkenstein-Ritt

Zurück ins Mittelalter heißt es jedes Frühjahr bei dem großen Turnier-Spektakel, das dem Ritter, Dichter und Minnesänger Oswald von Wolkenstein gewidmet ist.

Meran

Straßenkunst Festival

Artisten, Akrobaten, Clowns, Feuerspucker, Tänzer und Musiker aus der ganzen Welt unterhalten in den Straßen der Altstadt von Meran im Juni Einheimische und Touristen.

Mai

Der Mai ist auch in Südtirol ein richtiger Wonnemonat, auch wenn Meran bei zumeist deutlich über 20 °C die meisten Regentage hat.

Tagesdurchschnittstemp. 18 °C

Juni

Der Sommer ist da, fast jeden Tag T-Shirt-Wetter. Im Kalterer See wird schon gebadet und in den Bergen schmelzen die letzten Schneereste.

Tagesdurchschnittstemp. 21 °C

Regionsweit

Jazzfestival

Anfang Juli steht Südtirol für einige Tage ganz im Zeichen des Jazz mit Konzerten bekannter und unbekannter Künstler und Künstlerinnen, auch an ungewöhnlichen Veranstaltungsorten in der ganzen Region.

Meran

südtirol festival merano . meran

Die Elite der klassischen Musik ist von Mitte August bis Mitte September bei einem der renommiertesten Klassikfestivals Europas zu Gast im prächtigen Kursaal.

Juli

Während es in Meran tagsüber bis zu 29 °C warm wird, herrschen auf den Bergen angenehme Temperaturen, aber das Wetter kann schnell umschlagen.

Tagesdurchschnittstemp. 23 °C

August

Im August ist ganz Italien im Urlaub. Das merkt man auch in Südtirol. Zu den internationalen gesellen sich nun auch viele einheimische Gäste.

Tagesdurchschnittstemp. 22 °C

Meran

Großer Preis Meran

Glanz und Glamour auf der Pferderennbahn. Der Große Preis Meran ist das bedeutendste Jagdrennen Italiens und Höhepunkt der Rennsaison.

Kaltern am See

Kaltern Pop

Das Festival mit Seeblick und über 30 internationalen Bands und Solokünstlern an drei Tagen für alle, die Musik, guten Wein und leckeres Essen in malerischer Landschaft lieben.

September

In den Bergen wird es kühler und morgens zeigt sich erster Raureif. Aber noch hat der Sommer seine Kraft nicht verloren.

Tagesdurchschnittstemp. 18 °C

Oktober

Der goldene Oktober bringt im Unterland die letzten warmen Tage. In den Bergen kann der erste Schnee fallen. Die Törggelen-Saison beginnt.

Tagesdurchschnittstemp. 13 °C

Die Dolomiten in einer Nussschale

Zwischen Gröden und dem Gadertal erstreckt sich der Naturpark Puez-Geisler (Planungskarte, Rückseite C4/D4). In ihm vereint finden sich alle für die Dolomiten charakteristischen Gesteinsarten und Landschaftstypen.

Regionsweit

Törggelen

Von Oktober bis November ist Törggelen-Zeit, ein alter Südtiroler Brauch und inzwischen ein touristisches Ereignis vor allem an der Weinstraße und im Eisacktal. Sobald der neue Wein (Nuier) da ist, zieht man los, um ihn in Buschenschänken zusammen mit deftigen Speisen wie Speck und Schlutzkrapfen zu verkosten.

Eisacktal

Kastanien

Von Mitte Oktober bis Anfang November erreicht die Kastaniensaison mit Veranstaltungen wie den Eisacktaler Kastanienwochen ihren Höhepunkt.

Regionsweit

Weihnachtsmärkte

Es ist Adventszeit, auch in Südtirol eine besinnliche Zeit. Vielerorts öffnen romantische Weihnachtsmärkte: die größten in Bozen, Meran, Brixen, Bruneck und Sterzing. Aber auch in kleineren Orten wie St. Michael locken traditionelle Christkindlmärkte.

November

Die Tage werden kurz, in den Bergen fällt Schnee. In Meran pendeln die Temperaturen zwischen 1 °C in der Nacht und 11 °C am Tag.

Tagesdurchschnittstemp. 6 °C

Dezember

In den Dolomiten beginnt die Skisaison. Um die winterliche Kälte gemütlicher zu gestalten, bietet sich jetzt der Besuch eines Weihnachtsmarkts an.

Tagesdurchschnittstemp. 2 °C

Wintertraum

Die kalte Jahreszeit sorgt mit Schnee für einen ganz besonderen Zauber nicht nur auf den Bergen, sondern auch in den Tälern wie hier in Niederdorf (Tour 2, S. 62) im Hochpustertal.

Innichen und St. Vigil

Internationales Schneeskulpturen Festival

Die Kunstwerke aus Schnee und Eis von 30 Künstlern und Künstlerinnen aus aller Welt sind im Januar fester Bestandteil des Veranstaltungskalenders im Pustertal.

Toblach/Cortina d'Ampezzo

Volkslanglauf

Im Februar sind die Skilangläufer unterwegs. An den beliebtesten Volksläufen wie von Toblach nach Cortina oder dem Gsiesertal-Lauf nehmen Tausende Langläufer aus ganz Europa teil.

Januar

Der Januar ist in Südtirol zwar der kälteste Monat – selbst in Meran liegt die Durchschnittstemperatur unter null –, aber es gibt viele sonnige Tage.

Tagesdurchschnittstemp. 2 °C

Februar

Die Skisaison läuft auf Hochtouren. Die Pisten sind bestens präpariert, die Sonne scheint, die Luft ist klar und frisch und die Tage werden langsam länger.

Tagesdurchschnittstemp. 5 °C

TOUR 1

Der Sonne entgegen

Aus der alpinen Bergwelt am Brenner durch historische Städte in den Süden

Der 1370 Meter hoch gelegene Brennerpass, kurz Brenner oder italienisch Brennero, ist spätestens seit Hannibal das Tor zum Süden und nach wie vor einer der wichtigsten Alpenübergänge. Die Tour führt von der Passhöhe auf der Strada Statale 12 (SS12) – Achtung: nicht auf der Brennerautobahn – durch das Wipptal und das Eisacktal stetig bergab aus alpinen Regionen – mit einem Abstecher ins Ridnauntal – in die nur 262 Meter hoch gelegene Provinzhauptstadt Bozen, wo man zwischen Palmen und Weinreben bereits den Hauch des Südens spürt.

Seite 34

Das malerische Ridnaun auf 1300 Meter Höhe gehört zur Gemeinde Ratschings und ist ein Sommer- wie Winteridyll.

Die Tour auf einen Blick

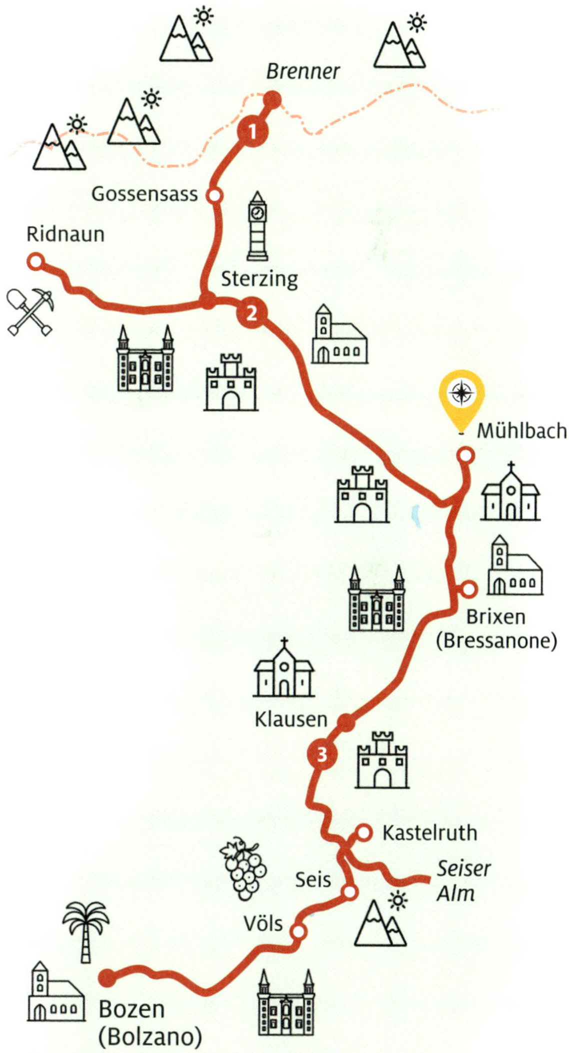

ORTE ENTLANG DER ROUTE

1. Brenner – Gossensass – Ridnaun – Sterzing
2. Sterzing – Mühlbach – Brixen – Klausen
3. Klausen – Kastelruth – Seis – Völs – Bozen

KILOMETER
ETAPPE 1: 50 KM
ETAPPE 2: 52 KM
ETAPPE 3: 43 KM

Navigation und GPX-Download

REINE FAHRTZEIT
ETAPPE 1: 1¼ STUNDEN
ETAPPE 2: 1 STUNDE
ETAPPE 3: 1 STUNDE

ETAPPE 1

Vom Brennerpass über das Ridnauntal nach Sterzing

⟷ 50 km ca. 1¼ Std.

Startpunkt dieser Tour ist der **Brenner**, der Pass, der wie wohl kein zweiter für Urlaub und den Traum vom »dolce far niente« steht. Bis heute werden gerne noch Bilder aus den 1950/60er-Jahren bemüht, als sich – vor dem Bau der Brenner-Autobahn – deutsche Urlauber Stoßstange an Stoßstange mit VW-Käfer, Ford 17M und Opel Kadett von Innsbruck kommend über die Brennerpassstraße nach Bella Italia kämpften. Und auch heute nimmt mancher noch diesen Weg über die – leider häufig stark befahrene – SS 12. Sei es, um sich die Maut für die Autobahn und die Europa-Brücke auf österreichischer Seite zu sparen, sei es, um gemütlich durch Wipp- und Eisacktal gen Süden zu cruisen und einige der hübschesten und interessantesten Städtchen und Orte zu besuchen. Seit ein paar Jahren gibt es auch Überlegungen, Lkw von der SS 12 zu verbannen, bislang ist das aber noch nicht umgesetzt wurden.

Moarwirt

Das Traditionsgasthaus liegt im Zentrum von Gossensass direkt an der historischen Brennerstraße. Serviert wird Südtiroler Küche mit regionalen Produkten und Pizzen. Es gibt auch Gästezimmer.
Romstr. 11, 39041 Gossensass, www.moarwirt.com

HINAB INS TAL

Die Passstraße startet in einer eindrucksvollen Berglandschaft am Übergang des Alpenhauptkamms. Anfangs zeigt sie sich als typische Passstraße und bietet etwas mehr Gefälle und

einige Kurven, ohne aber besonders anspruchsvoll zu sein oder gar fahrerisches Können zu verlangen. Bereits nach 3 km erreichen Sie die kleine Ortschaft **Brennerbad** auf 1326 m Höhe. Seit der Antike für seine Heilquellen berühmt, wurde in der Belle Epoque ein Grand Hotel eröffnet, Fernzüge hielten damals am Bahnhof Brennerbad und zahlreiche Prominente wie Henrik Ibsen und Richard Strauß kurten hier. Heute ist es ein geruhsamer Platz auf dem Weg nach **Gossensass**, dem ersten »richtigen« Ort südlich der Passhöhe und Hauptort der Gemeinde Brenner. Auf knapp 1100 m Seehöhe genießt man hier im Wipptal die Bergwelt, unternimmt eine Wanderung oder macht einen Abstecher ins malerische **Pflerschtal**, eins der schönsten Täler Südtirols, das hier abzweigt und sich gut 15 km nach Westen erstreckt. Ein besonderes Naturerlebnis für Wanderer versprechen dort das eindrucksvolle Bergpanorama rund um das Tribulaun-Massiv und die Weißwandspitze.

Das von mächtigen Bergen flankierte Pflerschtal ist eins der schönsten Täler Südtirols.

Oberhalb von Mareit thront das prächtige Barockschloss Wolfsthurn, heute ein Museum.

KURVENREICH ZWISCHEN BERGEN

Auf der Fahrt nach Sterzing quert die SS 12 ein ums andere Mal die Brennerautobahn. Sie machen jetzt allerdings noch keine Station in Sterzing, sondern biegen im Kreisverkehr – die vielen Kreisverkehre sind typisch für die Staats- und Landstraßen in Südtirol – in die Jaufenpassstraße (SS 44) ab und lassen die Altstadt erst einmal rechter Hand liegen. Dem hübschen Städtchen können Sie sich dann auf der Rück- und Weiterfahrt noch ausgiebig widmen.

Der Jaufenpass, den Sie nicht auf dieser, aber auf Tour 3 überqueren werden (S. 87), ist im Übrigen eine der beliebtesten alternativen Anreisestrecken nach Südtirol.

Über die SS 44 und die LS/SP 36 geht es Richtung **Ratschings**. Die ausgedehnte Gemeinde erstreckt sich über drei Täler – Ratschings-, Jaufen- und Ridnauntal – und ist ein ebenso schönes wie beliebtes Urlaubsgebiet: im Sommer zum Wandern und Biken, im Winter zum Skifahren. Nach oben in

Knappenstube

Abwechslungsreiche, bodenständige Südtiroler Küche mit einem modernen Twist und gut bestückter Weinkarte.
Maiern 48, 39040 Ratschings,
www.knappenstube.com

das Ski- und Wandergebiet Ratschings-Jaufen gondelt man ganz bequem mit der Panorama-Kabinenbahn. Oben an der Bergstation ist die BergerlebnisWelt mit einem spannenden Parcours ein besonderes Highlight für Kinder. Danach stärkt man sich in einer der zahlreichen Almhütten mit einer zünftigen Brotzeit oder einer Portion Südtiroler Speckknödel.

Sie folgen der kurvenreichen LS/SP 36, einer der typischen kleinen Bergstraßen mit immer wieder neuen landschaftlichen Highlights, die das Autofahren in Südtirol so zum Erlebnis machen, durch die abwechslungsreiche Berglandschaft weiter das wildromantische **Ridnauntal** hinauf bis zum hochalpinen Talschluss, wo in früheren Zeiten im Schneeberg in einer der höchstgelegenen Minen Europas (2355 m) ein knappes Jahrtausend lang Silber, Blei und Zink gefördert wurde. Hier entstand vor 150 Jahren eine Erzaufbereitungsanlage modernster Machart – ein einmaliges Denkmal der industriellen Revolution. Heute betreibt

Das ***Landesmuseum Bergbau*** *in Ridnaun nimmt Besucher mit auf eine spannende Reise in die Zeit des Bergbaus.*

Weitere Details in der ADAC Trips App

Wie hier im Ridnauntal ist Südtirol reich an herrlichen Strecken für Wanderungen.

Hölzerne Stege und Brücken führen begleitet vom Dröhnen des rauschenden Ratschinger Bachs durch die marmorne Gilfenklamm.

das Südtiroler Landesmuseum Bergbau an diesem Ort einen von vier Standorten zur Geschichte des Bergbaus, in Ridnaun als Erlebnisbergwerk mit zum Teil intakten Bergwerksanlagen, einem interessanten Lehrpfad, Museum im ehemaligen Arbeiterwohnheim und Führungen durch Stollen und Schächte. Hier oben ist man nicht nur der Bergbaugeschichte, sondern auch den eindrucksvollen Gipfeln Südtirols ganz nah.

Einfahrt in den Stollen, Landesmuseum Bergbau, Ratschings

DIE BERGE AUS ANDERER SICHT

Zurück geht es dieselbe, auch talwärts landschaftlich reizvolle Strecke, auf der man die alpine Bergwelt aus einer anderen Perspektive genießen kann. So ergeben sich bei der Bergabfahrt immer wieder herrliche Ausblicke von oben auf das idyllische grüne Tal mit seinen satten Almwiesen und malerischen Dörfern. Zudem gibt es auf der Talfahrt auch noch die Möglichkeit, **Schloss Wolfsthurn** mit dem Landesmuseum für Jagd und Fischerei in Ratschings/Mareit am Eingang des Ridnauntals zu besuchen. Es gilt als eines der schönsten Schlösser Südtirols. Angeblich besitzt es 365 Fenster, 52 Türen, zwölf Kamine und vier Portale. Sie sollen für das Jahr mit seinen Kalendertagen, Wochen, Monaten und Jahreszeiten stehen.

Nicht weit entfernt, bei Stange, befindet sich die **Gilfenklamm** (im Winter geschlossen), die weltweit einzige Klamm, die tief in reinweißen Marmor eingeschnitten ist, obwohl sie oft dunkel in allen erdenklichen Grüntönen schimmert – ein einmaliges Naturschauspiel. Der Ratschinger Bach stürzt mit lautem Getöse durch Wannen und Kaskaden und schließlich 15 m tief in ein Felsloch, Zugang unmittelbar vor der Stanger Brücke.

Im Zentrum von Sterzing können Sie auf dem Parkplatz Centrum am Untertorplatz oder dem nahe gelegenen Europa Parkplatz gut parken. Hier befinden Sie sich gleich am südlichen Eingang zu Sterzings schöner Einkaufsmeile und erreichen zudem in fünf Minuten zu Fuß den Stadtplatz, den Hauptplatz der Stadt, die einst im 15./16. Jahrhundert durch den Silberbergbau zu großem Wohlstand kam.

Mair & Mair

Eines der besten Delikatessengeschäfte Südtirols mit einer super Auswahl und vorzüglichen Produkten. Für Weinfreunde ist die Vinothek mit über 1400 Weinen ein Muss.
Altstadtstr. 1, 39049 Sterzing, www.mair-mair.it

Im Herzen von Sterzing erhebt sich der markante Zwölferturm 46 Meter hoch über die mittelalterlichen Häuser.

ETAPPE 2

Von Sterzing nach Klausen

52 km ca. 1 Std.

Sollten Sie in Sterzing am Untertorplatz geparkt haben, fahren Sie nach Ihrem Altstadt-Bummel über Gänsbacherstraße und Bahnhofstraße wieder zur Brennerstraße, der SS 12. Bevor Sie die weithin sichtbare **Burg Reifenstein** bei Freienfeld erreichen, queren Sie ein weiteres Mal die Autobahn. Reifenstein ist bestens erhalten und befindet sich annähernd im Originalzustand einer mittelalterlichen Burg – da kommt richtig Burgenromantik auf. Wer tiefer in die Burggeschichte einsteigen möchte: Es werden auch Führungen angeboten.
Nach dem Burgbesuch geht es auf demselben Weg zurück zur SS12, auf die Sie rechts Richtung Süden nach Brixen abbiegen. Nach gut 2 km links rein und Sie erreichen nach kurzer Zeit die Pfarr- und Wallfahrtskirche **Maria Trens**, einen der bedeutendsten Wallfahrtsorte Südtirols. In dem spätgotischen Gotteshaus von 1498 wird die im 15. Jahrhundert entstandene Holzskulptur »Stehende Madonna mit Kind« verehrt. Die Route führt danach etwa 18 km entlang der Brennerstraße durch die immer grüner werdende Landschaft des Eisacktals. Vorbei geht die gemächliche Fahrt an der **Franzensfeste**. Die 1833–38 von den Österreichern angelegte mächtige Festung ist mit ihren 65 000 m² Fläche die größte historische Anlage Südtirols und diente dazu, den Brenner zu sichern. Für den aufwendigen und teuren Bau wurden unter anderem Granitquader aus dem nahe gelegenen Pustertal verwendet. Die zurückhaltend sanierte Festung beherbergt seit Januar 2017 das zehnte und jüngste Landesmuseum der Autonomen Provinz Südtirol und ist ein bedeutender Veranstaltungs- und Ausstellungsort. Der Ort Franzensfeste (Fortezza) mit seinen Zweckbauten lohnt einen Zwischenstopp allerdings nicht.
Aber apropos Pustertal: Nicht weit hinter Franzensfeste erreichen Sie über einen kleinen, fahrerisch unspektakulären Schlenker über die SS 49 und die Pustertaler Straße (LS/SP 182) den von etlichen Zweitausendern umgebenen, zwischen Eisack- und Pustertal gelegenen Ort **Mühlbach**, das Tor zum Pustertal, das sich bis zum Osttiroler Lienz in Österreich erstreckt.

Restaurant arbor

Das kleine, feine Gourmet-Restaurant im Zentrum von Sterzing gefällt mit einer regionalen Küche mit mediterranen Akzenten, die auf hohe Produktqualität setzt.
Geizkoflerstr. 15, 39049 Sterzing, www.arbor.bz.it

Sie liegt zwar auf einem Hügel, ist aber auch mit dem Auto gut erreichbar: Burg Reifenstein hoch über dem Wipptal.

UMSTEIGEPUNKT
MÜHLBACH

Sehenswertes
in der Umgebung

Mühlbach ist ein alter Handelsplatz mit einem schönen Marktplatz und prächtigen Bürgerhäusern, die vom früheren Wohlstand der Kaufleute zeugen. Heute geht es im mittelalterlich anmutenden Ortszentrum eher gemächlich zu. Die Einkaufsstraße lädt zu einem Bummel, zahlreiche Cafés zum Verweilen und Genießen ein. Einen Besuch wert ist die Mühlbacher Klause, eine ehemalige Festung und Zollstation. Die Anlage aus dem 15. Jahrhundert ist mit ihren Mauern und Türmen weitgehend erhalten geblieben und kann besichtigt werden.

AUSFLUGSTIPP

Vom Ortszentrum in Mühlbach aus bringt Sie eine Seilbahn in wenigen

Wer hoch hinaufsteigt, wird mit fantastischer Aussicht belohnt: im Bild der Blick von der Wilden Kreuzspitze auf den Wilden See in den Pfunderer Bergen

Minuten hinauf nach **Meransen** in das familienfreundliche Wandergebiet Gitschberg Jochtal. Nicht weit entfernt von Mühlbach (8 km) liegt außerdem **Vals**, Ausgangspunkt für tolle Wandertouren in die Pfunderer Berge.

Gipfelkreuz auf der Wilden Kreuzspitze, Pfunderer Berge

ZUR TOUR 2

In Mühlbach können Sie zur Tour 2 umsteigen und die fantastische Welt der Dolomiten erleben.

Brixens Domplatz bietet einen schönen Blick auf die historischen Gemäuer der Stadt.

***Kloster Neustift** in Vahrn ist Südtirols größte Klosteranlage mit spätbarocker Stiftskirche, gotischem Kreuzgang, Wunderbrunnen, bedeutende Bibliothek und Pinakothek. In der Schenke werden die klostereigenen Weine ausgeschenkt.*

Weitere Details in der ADAC Trips App

Über die SS 49 geht es wieder zurück zur Brennerstraße. Dabei kommen Sie durch die kleine Ortschaft **Vahrn**. Hier sollten Sie unbedingt einen Stopp einlegen. 1994 hat hier der Sternekoch Hansi Baumgartner sein Unternehmen Degust gegründet und produziert seitdem außergewöhnliche Käsekreationen, die er in speziellen Kühlzellen in einem Bunker lagert, der beste Bedingungen an Temperatur und Luftfeuchtigkeit aufweist.

Aber der Käse ist nicht der einzige Grund, um in Vahrn einen Zwischenhalt einzulegen. Oberhalb des Ortes, etwa 1,5 km vom Käse-Shop entfernt, liegt erhöht und sehr majestätisch die Szenerie beherrschend das **Kloster Neustift**, eines der bedeutendsten Klöster im gesamten Tiroler Raum.

IN DIE ÄLTESTE STADT SÜDTIROLS

Von Vahrn aus sind Sie in zehn Minuten in der alten Bischofsstadt **Brixen** (Bressanone) Zwar wird immer der Brenner als Tor zum Süden bezeichnet, aber eigentlich beginnt der Süden in

Haus der Käse

Der Laden von Degust ist nicht nur einfach ein Geschäft, sondern ein dem Käse und allem, was mit ihm zusammenhängt gewidmetes Atelier.
Degust, Bsackerau 1, 39040 Vahrn, www.degust.com

Brixen, wo sich am Zusammenfluss von Eisack und Rienz das Tal weitet und man die alpinen Landschaften erst einmal weitestgehend hinter sich gelassen hat. Zudem besitzt Brixen ein angenehmes, eher mediterranes Klima und fast schon südländisches Flair.
Es gilt auch als älteste Stadt Südtirols. Im Stadtteil Stufels gefundene Siedlungsreste werden auf etwa 1000 bis 500 v. Chr. datiert.
Zwar residiert der Bischof seit 1964 in Bozen, aber die rund eintausendjährige Geschichte als Bischofsstadt ist allgegenwärtig. Beherrscht wird das Stadtbild vom imposanten Dom, der 1745–55 sein heutiges Aussehen erhielt. Hauptattraktion des Dombezirks ist jedoch der an den Dom anschließende Kreuzgang mit seinen Arkaden und Fresken, die aus dem 14. und 15. Jahrhundert stammen. Er entstand um 1200 als Teil eines älteren Kirchenkomplexes. Ebenfalls sehenswert ist die Hofburg, ehemals Sitz des Bischofs, mit dem

Prachtvolle romanische und gotische Fresken schmücken den Brixner Domkreuzgang.

Brixens Hausberg, die Plose mit wunderbarem Panoramablick, ist mit einer Seilbahn zu erreichen.

*Der **Dom zu Brixen** mit seinem **Kreuzgang** ist ein bedeutendes Gotteshaus mit sehenswerter Innenausstattung wie den Deckenmalereien von Paul Troger.*

Weitere Details in der ADAC Trips App

Diözesanmuseum, dem Domschatz und einer bedeutenden Krippensammlung.
Aber nicht nur für kunst- und kulturhistorisch Interessierte ist Brixen ein lohnendes Ziel. Die historische Altstadt mit ihren weitgehend autofreien Gassen, zahlreichen Geschäften sowie Cafés und Restaurants lädt zum Bummeln und Einkaufen etwa in den Großen und Kleinen Lauben mit ihren Arkaden ein.
Von Brixen können Sie noch einen schönen Abstecher in die Berge unternehmen: Die über 2500 m hohe Plose ist der Hausberg von Brixen und ein traumhafter Panorama-Berg zugleich. Vom rund 7 km südöstlich gelegenen und über die SP 29 erreichbaren kleinen Ort St. Andrä führt eine Gondelbahn (kostenloser Parkplatz) hinauf. Von der Bergstation, aber noch mehr vom Gipfel (kurze Wanderung), hat man einen fantastischen Blick auf die Dolomiten. Schöne Almhütten, erlebnisreiche Wanderwege und im Winter eines der sonnigsten Skigebiete Südtirols erwarten Sie hier.

Finsterwirt

Gemütliches Traditionslokal mit guter Südtiroler und mediterraner Küche in Nachbarschaft zum Dom.
Domgasse 3, 39042 Brixen, www.finsterwirt.com

ZWISCHEN WEINBERGEN ZUR BISCHÖFLICHEN SOMMERRESIDENZ

Von Brixen geht es weiter Richtung Süden durch das malerische Eisacktal, wo vielerorts schon Weinberge zu sehen sind. Allerdings nehmen Sie von Brixen nicht die bekannte, hier zudem staubelastete SS 12, sondern folgen der mehr oder weniger parallel verlaufenden, kleineren LS/SP 74, die Sie direkt zum **Schloss Velthurns** bringt, das am nordöstlichen Rand des Dorfes Feldthurns über dem Eisacktal liegt. Es waren die Brixener Bischöfe, die den beeindruckenden und bis heute erstaunlich gut erhaltenen Renaissancebau 1577–87 errichten ließen und ihn als Sommerresidenz nutzten. Es beherbergt einige bedeutende Kunstschätze, darunter Tafelgemälde, Altarbilder und Skulpturen. Die Räume sind überaus prachtvoll mit Wandmalereien gestaltet und reich getäfelt.
Feldthurns ist außerdem eine der Südtiroler Kastanien-Hochburgen, die hier »Keschtn« genannt werden. Auf dem Gemeindegebiet sollen über 3300 Kastanienbäume wachsen. Feldthurns liegt denn auch am »Keschtnweg«, einem Wanderweg von Brixen nach Bozen. Darüber hinaus ist der Ort dafür bekannt, dass hier die Tradition des Törggelen besonders hochgehalten wird.
Bis nach Klausen, dem Ziel der zweiten Etappe, sind es jetzt nur noch zehn Minuten. Das zuvor schon recht weite Tal wird hier wieder enger, die Berge rücken näher zusammen und der Ort wirkt ein wenig wie zwischen ihnen eingezwängt.

Schöner Wohnen im 16. Jahrhundert: Die Brixener Bischöfe ließen sich bei der Einrichtung von Schloss Velthurns nicht lumpen.

3

ETAPPE 3

Von Klausen nach Bozen

43 km ca. 1 Std.

Von Klausen führt die Strecke weiter auf der Brennerstraße (SS 12) Richtung Süden. Nach rund 6 km biegen Sie bei Waidbruck Richtung Seiser Alm links ab und überqueren den Eisack. Direkt vor Ihnen thront auf dem Hügel eindrucksvoll die **Trostburg** (S. 77), die zu den schönsten Südtirols zählt, hoch über dem Fluss und bewacht den Zugang zum Grödner Tal.

ZUM WAHRZEICHEN EINER REGION

Hinter der Brücke über den Eisack geht es im Kreisverkehr wieder rechts ab zur Fahrt über die SP 24 nach Kastelruth. Die 8 km lange Strecke ist unkompliziert und von Weitem ist schon der eindrucksvolle, charakteristische Gebirgsstock des über 2500 m hohen **Schlern** zu sehen, der die Landschaft hier dominiert. An seinem Fuß liegt das hübsche Städtchen **Kastelruth**, der größte Ort am Schlern, der auf eine über tausendjährige Geschichte zurückblickt. Kastelruth zählt heute etwa 6500 Einwohner und gehört zum Netzwerk der schönsten Ortskerne Italiens. Und das zu Recht, denn das charmante Dorf besticht durch seinen verkehrsberuhigten, mittelalterlichen Ortskern mit schmucken Häusern und zahlreichen Geschäften, Cafés und Gasthäusern vor der imposanten Kulisse der Dolomiten.

Die größte Attraktion Kastelruths liegt aber höher auf über 2000 m Höhe. Mit einer Fläche von rund 60 km² ist die **Seiser Alm** die größte Hochalm Europas. Im Sommer ist sie ein Paradies

für Wanderer und Mountainbiker, im Winter für Langläufer und Alpin-Skifahrer. Es gibt hier oben zahlreiche gute Hotels und Restaurants. Zusammen mit dem **Naturpark Schlern** bildet sie eine landschaftliche Einheit. Von Kastelruth führt eine schöne Bergstraße durch dichten Wald auf die baumfreie Alm. Auf der LS/SP 24 geht es weiter nach **Seis am Schlern**, dem malerischen Dorf, das der Seiser Alm ihren Namen gegeben hat und sich auch »Das Tor zu den Dolomiten« nennt. Von Seis aus führt eine Gondelbahn auf die Hochalm. Ein beliebtes Ausflugsziel ist die Burgruine Hauenstein. Die Burg war im Spätmittelalter der Altersruhesitz des Südtiroler Ritters und Dichterkomponisten Oswald von Wolkenstein. Auch die Ruine von Burg Salegg etwas oberhalb von Seis liegt quasi am Weg.

Sie fahren weiter am Fuß des Schlern entlang (LS/SP 24) und genießen die Dolomiten-Ausblicke. Nach etwa 7 km

Am Ortseingang ihres Heimatorts grüßen die legendären Kastelruther Spatzen.

Das markante Schlernmassiv überragt die Seiser Alm, die größte Hochalm, die in Europa zu finden ist. Die Kühe scheinen davon unbeeindruckt.

Weit verstreut reicht das Gebiet von Völs am Schlern von Weingärten bis in alpine Regionen.

erreichen Sie das beschaulich-romantische **Völs am Schlern**. Der Ort selbst liegt auf 880 m Höhe in herrlicher Panoramalage, das Gemeindegebiet reicht aber bis auf hochalpine 2563 m am Schlern, wo im Sommer der Schnee nie ganz verschwindet. Völs ist bekannt für sein mildes und sonniges Klima, weshalb in den unteren Regionen die Rebstöcke in den Weingärten in vollem Saft stehen. Seit über 100 Jahren ist Völs eine beliebte Sommerfrische-Destination und ein Kurort – berühmt sind die traditionellen Völser Heubäder. Abkühlung an heißen Sommertagen bietet zudem der **Völser Weiher**, einer der saubersten Badeseen Italiens. Über eine kurvige Straße erreicht man etwa 3,5 km außerhalb von Völs auf einer Anhöhe **Schloss Prösels**. Das Renaissanceschloss ist gut in Schuss und wird gerne als Kulisse für Hochzeiten und als Location für unterschiedliche Kulturveranstaltungen genutzt. Regelmäßig werden Führungen angeboten.

Völser Weiher

Der See auf 1036 m Höhe ist umgeben von schattigen Wäldern und der Bergkulisse des Schlernmassivs mit der Santnerspitze. Ein Teil ist als Biotop geschützt, der andere lädt zum Schwimmen, zu einer Runde mit dem Ruderboot oder im Winter zum Eislaufen ein. Am Parkplatz befindet sich auch eine Infostelle des Naturparkhauses Schlern-Rosengarten.

Bozen (Bolzano), der Landeshauptstadt Südtirols, und nehmen dann die Ausfahrt Richtung Altstadt. Parkmöglichkeiten sind gut ausgeschildert. Sehr zentral ist etwa das Parkhaus am Waltherplatz. Hier sind Sie gleich mittendrin, denn der Platz ist sozusagen die gute Stube Bozens. Nehmen Sie sich etwas Zeit und genießen Sie das besondere Flair dieser »Alpen-Metropole«. Am Besten erkunden Sie Bozen zu Fuß. Der Waltherplatz mit dem Walther-von-der-Vogelweide-Denkmal und dem angrenzenden Dom ist ein guter Ausgangspunkt. Eine Hauptattraktion ist die historische Altstadt mit dem Obstmarkt und den »Lauben«. Unter den Lauben lässt es sich wunderbar flanieren und shoppen, denn in den traditionsreichen Häusern mit wunderbaren Fassaden laden zahlreiche exklusive Boutiquen und Geschäfte zum Einkaufen ein. Natürlich darf auch ein Besuch bei »Ötzi« im Archäologiemuseum nicht fehlen. Und: In jeder Altstadtgasse findet sich ein nettes Café, eine Bar oder ein gutes Restaurant mit regionaler Küche.

*Seit 1998 wird »Ötzi«, der Mann aus dem Eis, und seine gesamte Ausrüstung im **Südtiroler Archäologiemuseum** in Bozen ausgestellt.*

Weitere Details in der ADAC Trips App

DER LEUCHTENDE ROSENGARTEN

Sie verlassen nun den Schlern und fahren das letzte, immer städtischer werdende Stück der Tour Richtung Bozen. Nach etwa einem Kilometer erreichen Sie allerdings erst noch das ländliche **Blumau**. Bei dem kleinen Ort mündet von Osten das Tierser Tal in das Tal des Eisack, der hier eine tief eingeschnittene Schlucht gegraben hat

Von Blumau lohnt ein kurzer, knapp 10 km langer Abstecher das Tierser Tal hinauf bis zum Ort **Tiers am Rosengarten**. Dort weitet sich das Tal zu einem Kessel, der beim Sonnenuntergang als roter »Rosengarten« leuchtet. Wieder zurück in Blumau gelangen Sie am einfachsten über die SS 12 nach

Parkhotel Laurin

Eine gute Adresse in Bozen ist das Parkhotel Laurin mit einer wunderschönen Parkanlage, prächtigen Zimmern und ausgezeichnetem Restaurant. Laurin-Str. 4, 39100 Bozen, www.laurin.it

TOUR 2

In die Welt der Dolomiten

UNESCO-Welterbe, alpine Landschaften und charmante Bergdörfer

Die große Dolomiten-Tour startet in Mühlbach am Eingang zum Pustertal, das sich bis ins österreichische Osttirol erstreckt. An der Strecke liegen idyllische Dörfer wie Toblach und Innichen und einzigartige Bergpanoramen wie die Drei Zinnen. Vom Pustertal geht es durch die einzigartige Dolomiten-Landschaft über kurvige Alpenstraßen ins mondäne Cortina d'Ampezzo. Höhepunkte im wahrsten Sinne des Wortes sind der Falzarego-Pass und das Grödner Joch, beide über 2100 m hoch, und die kurvenreiche Fahrt hinüber ins Gadertal und ins Grödnertal.

Seite 75

Das Grödner Joch ist eine der schönsten und erlebnisreichsten Passstraßen Südtirols.

Die Tour auf einen Blick

ORTE ENTLANG DER ROUTE

1. Mühlbach – Bruneck – Toblach – Innichen

2. Innichen – Sexten – Passo Tre Croci – Cortina d'Ampezzo

3. Cortina d'Ampezzo – Falzarego-Pass – Gadertal – Corvara – Grödner Joch – St. Ulrich – Klausen

KILOMETER
ETAPPE 1: 62 KM
ETAPPE 2: 55 KM
ETAPPE 3: 84 KM

Navigation und GPX-Download

REINE FAHRTZEIT
ETAPPE 1: 1½ STUNDEN
ETAPPE 2: 1½ STUNDEN
ETAPPE 3: 2½ STUNDEN

ETAPPE 1

Durch das Pustertal zu den Drei Zinnen

62 km ca. 1½ Std.

Sie beginnen Ihre Tour durch das grüne Tal, wie das Pustertal auch genannt wird, auf der SS 49, der Pustertaler Straße, in **Mühlbach**, einem alten Handelsplatz auf dem Weg nach Venedig und schmucken Ferienort mit Skigebietsanschluss. Bereits nach wenigen Kilometern geht es auf eine andere Art »schmuck« weiter. Auf der rechten Straßenseite bei Vintl befindet sich die Lodenwelt mit großem Shop, Manufaktur, Showroom, Lodenwirt und Lodenmuseum. Ein Muss für alle, die gerne Jankerl oder Dirndl tragen. Der schnellste Weg vom großen Kundenparkplatz nach Bruneck, dem Hauptort des Pustertals, führt über die SS 49.

AUF DER SONNENSTRASSE NACH BRUNECK

Es empfiehlt sich aber, stattdessen die Fahrt lieber auf einer landschaftlich besonders reizvollen Panorama-Nebenstrecke fortzusetzen. In **Vintl** biegt nach links die Pustertaler Sonnenstraße (SP 40) ab. Sie führt 24 km lang auf einem Hochplateau auf der Sonnenseite des Pustertals entlang und bietet Sehenswertes wie Erdpyramiden bei Terenten, alte Mühlen beim Weiler Ast und die Kirche St. Martin bei Hofern mit einem kostbaren Flügelaltar (1520) oder die Ehrenburg. Bei Mühlen, dem Geburtsort des Minnesängers Oswald von Wolkenstein, kommt die Burg Schöneck (12. Jh.) ins Blickfeld. In Pfalzen beeindruckt die Valentinskirche.
Von Pfalzen aus können Sie weiter der SP 40 Richtung Bruneck folgen und erreichen das charmante Städtchen in gut zehn Minuten. Schon von Weitem ist Schloss Bruneck zu sehen. Der einstige Sommersitz der Fürstbischöfe thront auf einem Hügel über der Stadt. Inzwischen beherbergt die restaurierte Burg das **MMM Ripa**, ein Museum von Reinhold Messners sechsteiligem Museumskonzept zum Thema Berg.
Bruneck ist ein hübsches, quirliges Städtchen mit einer malerischen Altstadt, dessen Besuch im Sommer wie im Winter gleichermaßen Spaß macht, nicht zuletzt dank der ausgezeichneten Gastronomie und des vielfältigen kulturellen Angebots. Das Volkskundemuseum im Ortsteil Dietenheim etwa gilt als eines der schönsten Freilichtmuseen Europas.

***MMM Ripa**, Schloss Bruneck. Das Museum widmet sich den Bergvölkern und ihren Lebensweisen in den verschiedenen Gebirgen der Erde.*

Weitere Details in der ADAC Trips App

Auf ihrem Weg Richtung Brixen und Eisack fließt die Rienz durch die Altstadt von Bruneck.

Ausflugstipp: Beim Hauptort des Pustertals zweigt das **Tauferer Ahrntal** nach Norden ab. Bis Sand in Taufers mit der imposanten Burg Taufers verläuft das Ahrntal, später wird es Tauferer Tal genannt. Auf der Weiterfahrt über Steinhaus nach Prettau bis zum Talschluss in Kasern wird die Landschaft immer alpiner. Das Landesbergbaumuseum mit dem Schaubergwerk Prettau bildet einen abschließenden Höhepunkt dieses Abstechers.

WANDER- UND SKIPARADIES

Auf der Weiterfahrt von Bruneck auf der SS 49 gen Osten das Pustertal entlang sieht man ihn rechter Hand das Tal grüßen, im Winter mit einer weißen Mütze, den **Kronplatz**. Mit einer Höhe von 2275 m, einer runden, abgeflachten Bergkuppe und weit auslaufenden Flanken ist der Kronplatz der Freizeitberg Brunecks und hat der Region ihren Namen verliehen. Auf dem Gipfelplateau liegt auch das **MMM Corones**, Teil der Messner Mountain Museen, hier mit dem Schwerpunkt traditioneller Alpinismus.

Karl Bernardi

Karl Bernardi ist für seine hervorragenden Produkte weit über Bruneck hinaus bekannt und betreibt das hervorragende Restaurant Enoteque mit bestens bestücktem Weinkeller sowie ein Feinkostgeschäft. Enotheque und Weinkeller, Stuckstr. 6, Feinkostgeschäft Stadtgasse 36, 39031 Bruneck, www.bernardi-karl.it

Exponierte Lage: Vom MMM Corones genießt man einen fantastischen Ausblick auf die Marmolada (3343 m), den höchsten Berg der Dolomiten.

Frühjahr im Pustertal: Auch in Niederdorf erwacht die Natur zu neuem Leben.

Im Sommer werden Wandern und Biken groß geschrieben, im Winter ist der Kronplatz ein perfekter und familienfreundlicher Skiberg. An dessen Fuß liegen adrette Bergorte wie **Olang** im Osten und **St. Vigil** im Süden, die wie geschaffen sind für einen erholsamen Aufenthalt.

Jora Mountain Dining

Gehobene Südtiroler Küche in alpinem Ambiente auf 1325 m Höhe oberhalb von Innichen bietet das Jora Mountain Dining. Am Erschbann 6, 39038 Innichen, www.jora.it

Die Fahrt geht gemächlich weiter auf der Pustertaler Staatsstraße, der SS 49, das Tal entlang. Links und rechts zeigt sich weiterhin eine beeindruckende Alpenkulisse. Oberhalb von **Welsberg** erhebt sich auf einem Felsen Schloss Welsberg, einst Sitz eines der wichtigsten Südtiroler Adelsgeschlechter. Der dahinter folgende Ort **Niederdorf** war einst eine international gefragtes Ziel für Sommerfrischler. Im Fremdenverkehrsmuseum Hochpustertal im Haus Wassermann wird diese Zeit wieder lebendig. Kurz vor dem Ort geht es rechts ab in den **Naturpark Fannes-Sennes-**

Prags mit dem herrlichen **Pragser Wildsee**. Eingezwängt in einen wildromantischen Felsenkessel und vom majestätischen Seekofel überragt, gilt er als schönster See der Dolomiten und wird auch »Perle der Dolomitenseen« genannt. Der See ist ein beliebtes Wanderziel – schöner Rundweg – und es gibt einige Unterkünfte direkt am Seeufer. Von Mitte Juli bis Mitte September ist das Pragser Tal tagsüber allerdings nur mit öffentlichen Verkehrsmitteln (Busshuttle), zu Fuß, mit dem Fahrrad oder gegen Vorweis einer Reservierung für eines der Hotels erreichbar.

EIN BAD IN DEN DOLOMITEN

Nächste Station nur knapp 5 km hinter Niederdorf ist **Toblach**. Der Ort wurde vor allem durch den Komponisten Gustav Mahler bekannt, der Anfang des 20. Jahrhunderts häufig zu Gast war und hier seine 9. und unvollendete 10. Sinfonie schrieb. Ihm zu Ehren finden im zum Kulturzentrum ausgebauten ehemaligen Grand Hotel alljährlich die Gustav-Mahler-Musikwochen statt. Ein Erlebnis ist auch das alljährliche Ballonfestival. Möchte man in Toblach etwas verweilen, bietet sich sommers wie winters der schön gelegene **Toblacher See** an.

Ziel der ersten Etappe der Pustertal-Tour ist das knapp 1200 m hoch gelegene **Innichen** im sich weit öffnenden Drautal. Die dortige Stiftskirche, auch Dom genannt, ist das bedeutendste romanische Bauwerk Südtirols mit herausragenden kunsthistorischen Schätzen (Museum). Gerade wenn man mit Kindern unterwegs ist, sollte man einen erfrischenden Stopp im örtlichen Alpin-Erlebnisbad einlegen. Oder Sie tauchen ein in die Welt der Dolomiten. Das Dolomythos ist ein Erlebnismuseum für die ganze Familie und bietet insbesondere für Kinder attraktive Unterhaltungen wie Schatzsuche und mehr. Auch die Dinosaurier haben hier einen Platz.

Orso Grigio

Zum Übernachten, aber auch zum genussvollen Schlemmen bietet sich in Innichen das Boutique- und Gourmet-Hotel Orso Grigio an.
Peter Paul Rainer-Str. 2, 39038 Innichen, www.orsohotel.it

ETAPPE 2

Von Innichen über Sexten nach Cortina d'Ampezzo

⟷ 55 km ca. 1½ Std.

Innichen liegt im **Naturpark Drei Zinnen**, der zum UNESCO-Welterbe der Dolomiten zählt, einem echten Naturidyll, wie sich auf der Weiterfahrt immer wieder eindrucksvoll zeigt. Der Naturpark besticht durch seine herausragenden alpinen Landschaften, Gipfel und Berge, allen voran die weltberühmten 2988 m hohen Drei Zinnen, die dem Naturpark ihren Namen geben. Bergsteiger aus vielen Ländern haben hier ab der zweiten Hälfte des 19. Jahrhunderts alpinistische Pionierleistungen erbracht. Heute stellen Hochleistungskletterer aus aller Welt an den senkrechten Wänden dieser Gebirgsgruppe, die das Tal überstrahlt, ihr Können unter Beweis.

*Der atemberaubend schöne **Naturpark Drei Zinnen** ist Welterbe der UNESCO.*

Weitere Details in der ADAC Trips App

DIE ZINNEN IM BLICK

In Innichen verlassen Sie die SS 49 und fahren auf der ebenfalls gut ausgebauten SS 52 weiter durch das **Sextental**, das kurz vor der österreichischen Grenze vom Hochpustertal nach Süden abzweigt, nach **Sexten**. Die Drei Zinnen immer vor Augen, erreichen Sie den Ort bereits nach einer kurzen, zehnminütigen Panoramafahrt. Sexten ist nicht nur wegen der Drei Zinnen, sondern auch wegen der berühmten **Sextener Sonnenuhr**, eines einzigartigen Natur-

schauspiels, ein Muss. Die Sonnenuhr wird gebildet von den Gipfeln des Neuner-, Zehner-, Elfer-, Zwölfer- und Einserkofels, die das malerische **Fischleintal** umrahmen und quasi die Zeiger der Sonnenuhr bilden. Vom Fischleintal aus betrachtet, steht die Sonne zur entsprechenden Zeit über dem entsprechenden Berg. Schönster Aussichts-, Wander- und Bikerberg und ein beliebtes Skigebiet ist der Helm (2433 m).

Für Kunstfreunde: Das Rudolf-Stolz-Museum zeigt 160 Werke des Bozener Malers, der Sexten zu seiner Wahlheimat machte und die Wandgemälde in der Kirche St. Joseph in Moos schuf.

FAHRT HINTER DIE KULISSEN

Von Sexten fahren Sie zunächst die Strecke, die Sie gekommen sind, bis Toblach zurück. Langweilig wird die Fahrt aber nicht, denn Sie genießen nun die

Im Naturpark Drei Zinnen liegt Innichen eingebettet zwischen Hügeln und Hängen.

Riega

In zwei alten Bauernstuben aus dem 17. Jahrhundert serviert das Restaurant typische Gerichte der Region wie Pressknödel auf Krautsalat, Schlutzkrapfen oder Latschenkiefer-Risotto mit geräuchertem Speck. Dolomitenstr. 43, 39030 Sexten, www.riega-sexten.com

einzigartigen Dolomiten-Aussichten aus einem anderen Blickwinkel. Bei Toblach biegen Sie im Kreisverkehr nach der Pizzeria Hans nach Süden auf die SS 51 ein. Nach rund 13 km ragt rechter Hand die **Hohe Gaisl** auf, der mit 3146 m höchste Gipfel der Pragser Dolomiten. Hier könnte man auch die etwas schnellere Route nach Cortina nehmen, Sie folgen jedoch der SS 48 und ihren Kurven bis nach **Misurina**, einem hoch gelegenen Ortsteil von Auronzo di Cadore, und zum gleichnamigen See. Misurina, im Herzen der Dolomiten, ist ein in Deutschland noch eher unbekannter, aber bei Italienern beliebter Urlaubsort. Er liegt von Sexten aus gesehen auf der Rückseite der Drei Zinnen, die sich im See spiegeln – das Dolomiten-Panorama ist hier nicht weniger eindrucksvoll als auf der anderen Seite. Der Ort ist auch bekannt für sein besonderes Mikroklima, was ihn zu einem Zentrum für die Heilung von Atemwegserkrankungen macht. Im Sommer ist Misurina ein hervorragender Ausgangspunkt für Mountainbike-Ausflüge, Wanderungen und Bergtouren, der See ist ein beliebtes Freizeitziel und im Winter stehen Alpinski, Langlauf, Rodeln und Eislaufen auf dem Programm.

Nördlich von Misurina, erreichbar auch mit dem Shuttlebus, ragt der Monte Piana (2324 m) auf, Schauplatz heftiger Gefechte im Ersten Weltkrieg zwischen Österreich und Italien. Die Hochebene ist heute ein Freilichtmuseum mit Stellungsanlagen, Tunneln, Stollen und Schützengräben.

Die Fahrt vom über 1700 m hoch gelegenen Misurinasee über den Pass **Tre Croci** (1805 m) beeindruckt mit großartigen Landschaftsbildern wie dem auf der rechten Seite emporragenden Gebirgsstock Cristallo. Von der Passhöhe führt die kurvenreiche Straße hinunter in das gut 1200 m hoch, oder sollte man besser sagen tief, gelegene **Cortina d'Ampezzo**, das nicht mehr zu Südtirol, sondern schon zur Provinz Belluno gehört. Die Dreitausender Tofana, Pomagagnon, Cristallo, Sorapis und Croda da Lago bilden die Conca d'Ampezzo, die Traumkulisse um den Nobelort Cortina, der 2026 zum zweiten Mal nach 1956 Austragungsort der Olympischen Winterspiele sein wird. Mittelpunkt des eleganten und mondänen Bergstädtchens mit seinen Boutiquen, Cafés, Restaurants und Hotels ist die Hauptstraße Corso Italia, auf dem in der Hochsaison »tutto Milano« flaniert. Längst nicht alle, die nach Cortina kommen, nutzen im Winter die hervorragenden Pisten in dem vielfältigen Skigebiet oder gehen im Sommer wandern, klettern oder biken. Mindestens genauso wichtig ist Sehen und Gesehenwerden, mit einem Campari oder einem Aperol Spritz auf der Sonnenterrasse das »dolce far niente«" zu genießen.

Misurina mit dem gleichnamigen See liegt traumhaft schön im Herzen des UNESCO-Welterbes Dolomiten.

Bevor das nächste grandiose Dolomitenpanorama bestaunt werden kann, führt der Weg manchmal auch durch dichten Wald.

ETAPPE 3

Von Cortina d'Ampezzo über Alta Badia und Grödner Tal nach Klausen

84 km ca. 2½ Std.

Die dritte Etappe ist das, was man beim Giro d'Italia eine Hochgebirgsetappe nennt – allerdings ohne Bergankunft. Beim Radrennen das richtige Terrain für »Bergziegen«, mit dem Auto eine ideale Strecke für Automobilisten mit einem Faible für Passstraßen und Serpentinen.

KRIEGSRELIKT IN ALPINER HÖHE

Sie verlassen Cortina in Richtung **Falzarego-Pass**. Der 2105 m hohe Pass ist ein echtes Schmankerl und eingebettet zwischen dem berühmten Berg Lagazuoi und dem Coll Gallina. Die 27 km lange Passstraße wurde 1909 angelegt und ist Teil der Großen Dolomitenstraße zwischen Bozen und Cortina d'Ampezzo. Der Sattel rund um die Passhöhe ist mit Felsen übersät. Wer mag, kann von hier aus den Kleinen Lagazuoi erklimmen, zu Fuß oder weniger schweißtreibend mit der Seilbahn zu einem grandiosen Dolomiten-Panorama mit Marmolada und den Cinque Torri. Am heute schönen Skiberg Lagazuoi verlief im Ersten Weltkrieg die Alpenfront. Italienische und österreichische Truppen durchlöcherten den gesamten Berg mit kilometerlangen Stollen, Schützengräben und Unterständen und lieferten sich einen verlustreichen Stellungskrieg. Heute ist der 2835 m hohe Lagazuoi ein Freilichtmuseum, in dem die Stellungen auf gut gekennzeichneten Wegen besichtigt werden können.

Etwa 20 Minuten vom Museum Ladin Ursus ladinicus befindet sich das absolut sehenswerte ***Museum Ladin Ćiastel de Tor****. Hier widmet man sich Geschichte, Sprache und Kultur der Ladiner.*

Weitere Details in der ADAC Trips App

KURVENREICH ZUM PANORAMA

Über viele Kurven geht es von der Passhöhe hinab ins **Gadertal**, ins Alta Badia, wo der ladinische Einfluss deutlich spürbar ist. Erster hübscher Ort im Tal und ein beliebter Ferienort ist **St. Kassian** mit Anschluss an das Skigebiet Alta Badia und Dolomiti Superski – im Sommer ein Top-Ziel für Biker und Wanderer. In einer Höhle in der Nähe wurden im Übrigen 20 000 Jahre alte Bärenknochen entdeckt, die im **Museum Ladin** zu besichtigen sind. Die Fahrt geht durch eine grüne, waldreiche Landschaft bis zum nächsten

Rosa Alpina

Das Hotel im Zentrum von St. Kassian bietet in luxuriösem Ambiente Wellness und mehrere Restaurants, darunter das mit drei Michelin-Sternen ausgezeichnete St. Hubertus.
Strada Micurá di Ru 20, 39036 St. Kassian, www.rosalpina.it

Mit Servolenkung ist der Falzarego-Pass das reinste Fahrvergnügen.

Beim Sonnenaufgang am Falzarego-Pass leuchten die Gipfel von Col dei Bos und Tofane.

Wintersportort Stern, besser bekannt als **La Villa**, wo sich das Hochtal weit öffnet. Traditionell findet am Hausberg Piz La Villa kurz vor Weihnachten ein Weltcup-Riesenslalom der Männer auf der steilen Talabfahrt statt. Der Club Moritzino an der Bergstation ist eine der beliebtesten Hütten zum Sehen und Gesehenwerden.

Hauptort des Alta Badia ist jedoch das sonnig gelegene **Corvara** auf 1568 m Höhe am Fuße des 2665 m hohen Sassongher. Corvara gilt als Wiege des Tourismus in Alta Badia: 1938 wurde ein erster Schlittenlift gebaut, 1947 der erste Sessellift und heute liegt Corvara an der berühmten Skitour Sellaronda. Im Sommer sind Bergsteigen, Klettern, Wandern und Mountainbiken angesagt. Entsprechend lebendig ist das Ortszentrum mit zahlreichen Geschäften, Cafés, Bars und Restaurants.

Gut ausgebaute Passstraßen wie das Grödner Joch sorgen für genussvolles Fahrvergnügen.

Beeindruckend ist besonders das Panorama, das sich von der Hochebene des Pralongià eröffnet: Der Gletscher der **Marmolada**, des höchsten Bergs der Dolomiten, zahlreiche weitere Gipfel sowie die österreichischen Alpen scheinen zum Greifen nah.

HINEIN IN DIE SELLARONDA

Von Corvara aus nehmen Sie den nächsten Pass unter die Räder. Das **Grödner Joch** (2121 m) ist eine traumhaft schöne Passstraße im Norden der Sellagruppe mit tollen Ausblicken auf die Sella, den Langkofel und die Berge des Gadertals. Sie verbindet das Gadertal im Osten der Dolomiten mit dem westlich gelegenen Grödner Tal. Charakteristisch für das Grödner Joch sind saftig grüne Bergwiesen und die schroffen Felswände der Dolomiten. Auf der Passhöhe befindet sich mit der Jimmy-Hütte eine erstklassige Einkehrmöglichkeit mit hervorragendem Essen und gemütlichem Ambiente.

Wem die beiden Pässe dieser Etappe nicht reichen, der kann auch noch zahllose weitere Serpentinen bewältigen. Die Passstraße ist Teil der **Sellaronda**, einer den Sellastock umrundenden, gut ausgebauten Straße, zu der das Sellajoch (Westen), das Pordoijoch (Süden), der Campolongopass (Osten) und eben das Grödner Joch im Norden gehören. Diese Strecke umfasst insgesamt rund 57 km, wovon das Grödner Joch etwa 20 km einnimmt. Die Ausblicke aus den verschiedenen Perspektiven auf den Sellastock sind einfach nur fantastisch. Planen Sie auf jeden Fall genügend Zeit für ein gutes Fischessen in der Comici-Hütte auf dem Plan de Gralba ein. Die Hütte wird regelmäßig direkt von der Adria mit frischem Fisch beliefert.

EINE ALM SO HOCH WIE KEINE

Das Grödner Joch bildet den Abschluss des Grödner Tals (Val Gardena), vielleicht das bekannteste der Dolomitentäler. Von der Passhöhe geht es etwa 600 Höhenmeter kurvenreich auf der

*Markante Gipfel umgeben die malerische **Seiser Alm**, die sich zwischen Höhen von 1680 und 2350 m erstreckt.*

Weitere Details in der ADAC Trips App

SS 243 und der SS 242 nach Westen hinunter ins traumhaft gelegene **Wolkenstein** (1564 m). Genauso wie die nächste Talgemeinde **St. Christina** ist auch Wolkenstein ein Top-Wintersportort mit direktem Einstieg in die Sellaronda. Eine prächtige Kulisse bildet die Langkofelgruppe mit dem 3181 m hohen **Langkofel** als markantem Hauptgipfel und höchster Erhebung, die das Panorama des Grödner Tals prägt, vor allem, wenn die Gipfel in der Abendsonne rot leuchten.

Ein Eyecatcher abseits der Gipfel auf der Weiterfahrt nach St. Ulrich ist linker Hand die Renaissanceanlage der **Fischburg** (keine Besichtigung möglich) oberhalb von St. Christina. Dietrich von Wolkenstein ließ sie im 17. Jahrhundert erbauen.

St. Ulrich ist der Hauptort des etwa 30 km langen Tals. Bekannt geworden ist er zum einen durch seine Holzschnitzkunst und zum anderen durch den Bergsteiger Luis Trenker. Er hat in der Mitte des 20. Jahrhunderts fast schon einen Dolomiten-Hype ausgelöst und liegt auf dem Friedhof von St. Ulrich begraben. Im Museum Gherdëina ist ihm eine eigene Abteilung gewidmet. Ein weiterer Schwerpunkt des Museums ist die jahrhundertealte Tradition der Holzschnitzkunst.

Oberhalb von St. Ulrich liegt die **Seiser Alm**. Eine hochmoderne Seilbahn verbindet den Grödner Hauptort mit der Alm in über 2000 m Höhe. In nur wenigen Minuten erreichen Sie bequem die größte Hochalm Europas und zugleich einen besonderen Aussichtspunkt. Die außergewöhnliche Bergkulisse, bestehend aus Sellastock, Langkofelgruppe, Rosszähnen und Schlern, bildet einen großartigen Rahmen. Die Alm ist zudem ein hervorragendes Ski-, Wander- und Bike-Gebiet mit zahlreichen Hotels und Restaurants.

Kulinarik der Sonderklasse

St. Ulrich verfügt über einige sehr gute Restaurants. Hervorzuheben ist das Restaurant **Anna Stuben** im Hotel Gardena Grödnerhof (www.gardena.it). Die Gerichte von Küchenchef Reimund Brunner überzeugen mit Kreativität und hochwertigen regionalen Produkten. Ebenfalls erstklassig kocht Daniel Janser in der **Alpin Garden Gourmet Stube** (www.alpingarden.com).

EINE BURG FÜR DIE BURGEN

Sie verlassen St. Ulrich mit dem herrlichen Bergpanorama vor Augen auf der SS 242 Richtung Westen, Richtung Eisacktal. Bei Waidbruck wacht die **Trostburg**, in der sich auch das Südtiroler Burgenmuseum befindet, über den Eingang des Grödner Tals. Die Burg ist von Waidbruck – Parkmöglichkeiten an der Pfarrkirche – aus nur zu Fuß zu erreichen: entweder in 15 bis 20 Minuten über den steileren Trostburgweg oder in 30 Minuten über den Burgfriedenweg. Die Ursprünge der Burg gehen auf das 12. Jahrhundert zurück. Später wurde das Residenzschloss im Stil der Renaissance umgebaut.

Von Waidbruck aus erreichen Sie schnell das Eisacktal und gelangen nach wenigen Minuten bzw. kurzen 7 km auf der SS 12 (Brennerstraße) Richtung Norden nach Klausen, dem Endpunkt Ihrer Dolomiten-Tour.

UMSTEIGEPUNKT
KLAUSEN

Sehenswertes
in der Umgebung

Klausen bezeichnet sich auch als Künstlerstadt. Der Grund hierfür liegt allerdings in der Vergangenheit. Ende des 19. Jahrhundert war Klausen ein Treffpunkt für Künstler aus dem gesamten deutschsprachigen Raum. Bis zu 250 Maler und Bildhauer hielten sich zeitweilig in Klausen auf. Auslöser dafür war der damalige Hype um den Minnesänger Walther von der Vogelweide, der im nahe gelegen Bergdorf Lajen-Ried geboren worden sein soll. Heutige Sehenswürdigkeiten sind das Stadtmuseum mit Werken der Künstler von damals sowie dem berühmten Loretoschatz, die Altstadt und das Kloster Säben, das wuchtig auf einem Hügel über der Stadt thront.

AUSFLUGSTIPP

Vom Parkplatz Kaseregg führt eine schöne Wanderung (1½ Std.) zum Latzfonser Kreuz an der Südseite der Kassianspitze. Auf 2311 m Höhe ist es der höchstgelegene Wallfahrtsort Europas, der Weg dorthin der älteste Pilgerweg

Südtirols. Erste Kulthandlungen an dem Platz gehen wahrscheinlich bis in prähistorische Zeiten zurück. Von oben reicht der Blick bis zum Langkofel und zum Rosengarten.

Klausen mit der Pfarrkirche St. Andreas

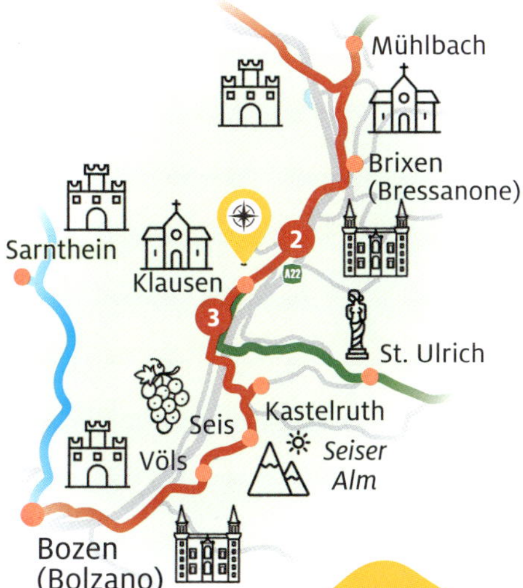

ZUR TOUR 1
In Klausen können Sie zur Tour 1 Richtung Bozen oder Brenner umsteigen.

Kloster Säben, eines der schönsten Klöster der Region, liegt umgeben von Weinbergen auf dem Säbener Berg oberhalb von Klausen.

Von St. Ulrich – den Langkofel im Blick – geht es mit der Standseilbahn in 8 Minuten auf die 2200 Meter hoch gelegene Raschötzalm.

TOUR 3

Dolce Vita in den Bergen

Rundtour von Meran durch romantische Täler und über hohe Pässe

Die Tour führt mit dem Passeiertal und dem Sarntal durch zwei der schönsten Täler Südtirols mit einer beeindruckenden Landschaft und malerischen Bergdörfern. Mit dem Jaufenpass und dem Penser Joch geht es zudem über zwei herrliche Pässe. Und in Meran, Sterzing und Bozen erleben Sie städtisches Südtiroler Flair.

S. 87
Der Jaufenpass ist herrlich zu fahren. Genießen Sie die über 30 Kilometer lange Strecke.

Die Tour auf einen Blick

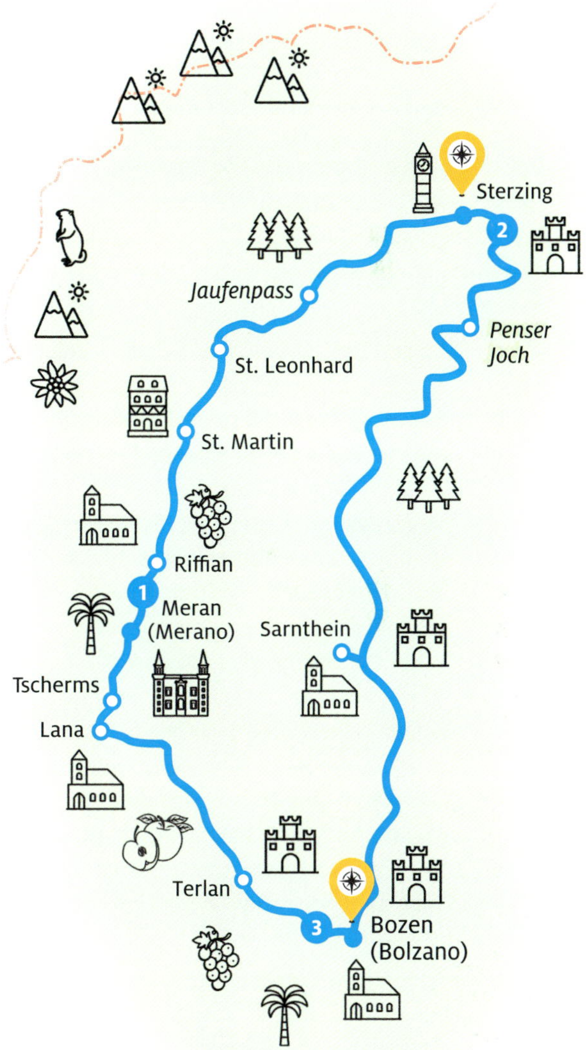

ORTE ENTLANG DER ROUTE

1. Meran – St. Leonhard in Passeier – Jaufenpass – Sterzing
2. Sterzing – Penser Joch – Sarntal – Bozen
3. Bozen – Terlan – Lana – Meran

KILOMETER
ETAPPE 1: 58 KM
ETAPPE 2: 72 KM
ETAPPE 3: 40 KM

Navigation und GPX-Download

REINE FAHRTZEIT
ETAPPE 1: 1½ STUNDEN
ETAPPE 2: 1½ STUNDEN
ETAPPE 3: 1 STUNDE

ETAPPE 1

Von Meran über den Jaufenpass nach Sterzing

58 km ca. 1½ Std.

Bevor Sie sich mit dem Auto auf den Weg in zwei der schönsten Täler Südtirols machen, sollte Sie die Gelegenheit nutzen und zu Fuß auf den Spuren Sissis wandeln. Es waren das milde Klima und die üppige mediterrane Vegetation, die es der österreichischen Kaiserin und mit ihr zahlreichen Künstlern und Adeligen besonders angetan hatten. Der »Sissi-Weg« führt von der Kurpromenade – die verschiedenen Promenaden sind Wahrzeichen von Meran – im Stadtzentrum vorbei am prächtigen Kurhaus zu den **Gärten von Schloss Trauttmansdorff**. Inmitten der Gärten, die Mitte der 1890er-Jahre als botanischer Garten angelegt wurden, thront das Schloss, das 1850 aus mittelalterlichen Ruinen wieder aufgebaut worden war. Der Adelssitz beherbergt mit dem Touriseum eine Top-Sehenswürdigkeit Merans. In dem Schloss wird anschaulich von zwei Jahrhunderten alpiner Tourismusgeschichte in Südtirol erzählt.

Sissi

Seit Jahren ist das Restaurant Sissi für Genießer eine sichere Bank in Meran und wurde für seine moderne, kreative Küche mit einem Michelin-Stern ausgezeichnet.
Galileistr. 44, 39012 Meran,
www.andreafenoglio.com

DEM FREIHEITSKÄMPFER AUF DER SPUR

Zurück in Meran verlassen Sie die Stadt über die Via Cavour und fahren auf der SS 44 weiter Richtung Passeiertal. In einer weiten Linkskurve stadtauswärts ist am Übergang vom Etschtal zum **Passeiertal** auf einem Felsen das Schloss Zenoburg zu sehen. Vom Stadtrand wird die Szenerie auf den ersten Kilometern noch von Weinbergen und Obstgärten bestimmt, doch linker Hand erhebt sich auch schon die mächtige **Texelgruppe**, deren Panorama Sie auf der Fahrt durch das Passeiertal begleiten wird. Auf der rechten Seite, allerdings nicht direkt an der SS 44, liegt auf einem aussichtsreichen Sonnenhügel die schmucke Gemeinde **Schenna**, ein beliebter Ferienort oberhalb von Meran mit dem Schloss Schenna als Hauptattraktion.

*Umgeben von bezaubernden Gartenanlagen thront **Schloss Trauttmansdorff** über Meran. Einst bezog die österreichische Kaiserin Sissi hier Räumlichkeiten und verbrachte mehrere Kuraufenthalte in Meran.*

Weitere Details in der ADAC Trips App

In den 12 Hektar großen Gärten von Schloss Trauttmansdorff sind unterschiedlichste Gartenlandschaften vereint.

Sandwirt

In dem historischen, 400 Jahre alten Gasthaus mit viel Atmosphäre gibt es traditionelle Südtiroler Küche. Passeirerstr. 72, 39015 St. Leonhard in Passeier, www.sandwirt.bz

Auf der SS 44 erreichen Sie nach wenigen Minuten **Riffian**, ein kleines Dorf und bekannter Wallfahrtsort, der natürlich von Obst und Wein umgeben ist. Das Ziel der meisten auswärtigen Touristen, die Friedhofskapelle mit Fresken im höfischen Stil (um 1400), liegt direkt neben der barocken Wallfahrtskirche. Durch die landschaftlich reizvolle Umgebung geht die Fahrt, die nach wie vor keine besonderen Ansprüche stellt, weiter nach **St. Martin in Passeier** (597 m). Hoch über dem Dorf liegt auf 1500 m Höhe der stattliche **Schildhof Steinhaus**. Insgesamt zwölf dieser bäuerlichen Feudalsitze gibt es im Passeiertal. Sie dienen heute zum Teil als Hotels. Ausflugstipp: Von der Schneeberger Brücke der Timmelsjochstraße kann man in zwei Stunden zum ehemaligen Bergwerk von **St. Martin am Schnee-**

»Fernrohr« nennt sich die Aussichtsskulptur an der Timmelsjochstraße, knapp 20 km hinter Moos in Passeier mit Blick auf die Ötztaler Alpen.

berg (2355 m) aufsteigen. Das Bergwerk, das als das höchstgelegene Europas gilt, kann besichtigt werden. Bis Mitte der 1980er-Jahre wurden hier Silber, Kupfer und Blei abgebaut (s. a. S. 35, Tour 1). Oben am Schaubergwerk und ehemaligen Knappendorf herrscht eine absolut hochalpine Szenerie, und auch unten im Tal wird die Landschaft auf dem Weg nach **St. Leonhard in Passeier**, dem Hauptort des Tals, zunehmend alpiner – Obst und Wein liegen inzwischen hinter Ihnen. St. Leonhard ist der Geburtsort des Tiroler Freiheitskämpfers Andreas Hofer (1767–1810). In seinem Geburtshaus, dem Sandhof, widmet sich das **Museum Passeier** mit mehreren Außenstellen seinem Leben. Das Geburtshaus ist heute der beliebte Gasthof Sandwirt. St. Leonhard liegt zwischen zwei bekannten Pässen, dem Timmelsjoch im Westen und dem Jaufenpass im Osten. Schon in vorgeschichtlicher Zeit war der Ort Etappenziel eines bedeutenden Verkehrswegs. Links ab geht es nach Moos in Passeier, dem letzten Ort im Tal vor dem Timmelsjoch und gutem Ausgangspunkt für Wandertouren im Naturpark Texelgruppe. Zudem mündet von Südwesten mit dem Pfelderer Tal ein landschaftlich reizvolles weiteres Tal in das Passseiertal.

*Das **Museum Passeier** dokumentiert das Leben des Tiroler Freiheitskämpfers Andreas Hofer.*

Weitere Details in der ADAC Trips App

KURVEN UND KEHREN IM DUTZEND

Sie biegen jedoch rechts ab – es sei denn, Sie möchten gerne einmal das Timmelsjoch unter die Räder nehmen –, wo es auf der SS 44 durch das Waltental hinauf zum **Jaufenpass** geht. Immer wieder waren die Täler in der Vergangenheit von schweren Lawinenabgängen betroffen, weswegen Sie auf der Fahrt einige Lawinenschutzüberbauungen durchfahren. Von St. Leonhard führen zehn energisches Einlenken erfordernde Kehren mit einer maximalen Steigung von zwölf Prozent, wo man besser rechtzeitig runterschaltet, vorbei an satten Almweiden und einem Lärchenwald hinauf zum 2094 m

Wenn Sie doch Lust bekommen haben: Die Timmelsjochstraße führt Sie auf eine Höhe von 2774 Meter, hier kurz vor der Passhöhe mit Blick auf die Texelgruppe.

Im malerischen Ridnauntal liegt Mareit mit der Pfarrkirche zum Heiligen Pankraz.

hohen Pass. Von hier aus haben Sie eine traumhafte Aussicht weit über die Zillertaler, die Ötztaler und die Stubaier Alpen. Im Süden der Passhöhe ragen die markanten Sarntaler Alpen empor. Der Jaufenpass ist der nördlichste inneritalienische Alpenpass und liegt im Herzen Südtirols. Die insgesamt 31 km lange Passstraße, heute die SS 44, wurde 1928 auf einer zuvor bereits von den Österreichern angelegten Piste als kürzeste Verbindung zwischen Wipptal und Eisacktal oder, genauer, zwischen

Edelweißhütte

Auf dem Scheitelpunkt des Jaufenpasses lädt die Edelweißhütte auf eine sonnige Terrasse mit toller Aussicht und zu bodenständigen Gerichten. www.kalcherhof.com/sporthotel/edelweisshuette

den Touristenhochburgen Meran und Sterzing angelegt. Umgeben wird der Jaufenpass von den Bergen Jaufenspitz (2483 m) und Saxner (2359 m) sowie von dem breiten **Ratschingstal**. Bei der Überquerung eröffnen sich zudem schöne Ausblicke auf die Hohe Wilde (3480 m) mit ihren Gletschern.
Vor allem unter Motorradfahrern ist der »Jaufen« eine beliebte Tour, macht aber auch mit dem Pkw viel Spaß. Und auch wenn die Strecke zahlreiche schön zu fahrende Kurven und Kehren hat, stellt sie dennoch keine allzu hohen Ansprüche an das fahrerische Können. Dank der herrlichen Landschaft, angenehmen Steigungswerten und einer abwechslungsreichen Straßenführung gehört der Jaufen zu den Pässen, die man ziemlich entspannt genießen kann.

SANFTER ABGANG INS TAL

Kurvenreich geht es auf gut ausgebauter Straße zu Tal, wobei die Straße zum größten Teil durch eine grüne Waldlandschaft führt. Bis runter nach **Gasteig** sind es etwa 1150 Höhenmeter und elf Haarnadelkurven. War es auf dem Pass in der Edelweißhütte zu voll, konnte man in der Vergangenheit unterhalb der Passhöhe im Sterzinger Jaufenhaus einkehren. Aktuell ist dieses Gasthaus aber leider geschlossen. Neben dem Jaufenhaus sieht man im Vorbeifahren eine kleine Kapelle.

Man könnte jetzt problemlos die kurze Strecke bis nach Sterzing durchfahren, aber ein Abstecher nach Ratschings ins gleichnamige Tal ist in jedem Fall lohnenswert und erfordert nur einige wenige Kurven mehr. Mehr zum Ratschingstal in Tour 1, S. 34.

Über die nun langsam sanft in das Eisacktal auslaufende Hauptstrecke ist schnell das Städtchen **Sterzing** erreicht. Dank seiner Lage zwischen den Übergängen Penser Joch, Brenner- und Jaufenpass ist Sterzing seit Jahrhunderten ein wichtiger Knotenpunkt im Nord-Süd-Handel und hat auch eine lange Bergbautradition. Das merkt man heute noch. Zudem hat sich die Gemeinde zu einem lebendigen Tourismusort mit eigenem Skigebiet am Hausberg Rosskopf entwickelt. In und um die Fußgängerzone herrscht eine betriebsame Atmosphäre – im Winter mit Après-Ski.

Das Ratschingstal ist eine ausgezeichnete Gegend für schöne Wanderungen.

UMSTEIGEPUNKT
STERZING

Sehenswertes
in der Umgebung

Von der Bedeutung der Fuggerstadt zeugen heute noch prächtige Bürgerhäuser und Sehenswürdigkeiten wie das Rathaus mit dem Zwölferturm. Das Bauwerk stammt aus dem 15. Jahrhundert und gilt als Wahrzeichen von Sterzing. Einen Zeugen aus der Römerzeit finden Sie am Marktplatz. Hier steht der Mithrasstein, einst ein römischer Altar.

Auch kulturell ist einiges los. Das Stadttheater hat einen sehr guten Ruf, und das Stadt- und Multscher Museum im ehemaligen Hospiz des Deutschen Ordens, u. a. mit einem prächtigen spätgotischen Flügelaltar des Ulmer Bildhauers und Malers Hans Multscher, ist ebenso sehenswert wie die Kirche Unsere liebe Frau im Moos.

AUSFLUGSTIPP
Nicht nur im Winter lohnt eine Fahrt mit der Gondelbahn auf Sterzings Hausberg, den **Rosskopf**. Von der Talstation (Brennerstr. 12) geht es hinauf auf knapp 2000 m zu Wanderwegen, Hütten und einer Sommerrodelbahn (www.rosskopf.com).

Multscher-Altar in der Pfarrkirche Unsere liebe Frau im Moos

ZUR TOUR 1
Sterzing bietet sich für einen Umstieg zu Tour 1 in Richtung Bozen an.

Auch im Winter ist Sterzing dank guter Wintersportmöglichkeiten ein lohnendes Ziel.

ETAPPE 2

Von Sterzing über das Penser Joch nach Bozen

72 km ca. 1½ Std.

Sie verlassen Sterzing auf der SS 44. Kurz hinter der Autobahn teilt sich die Straße: Rechts geht es weiter auf der SS 44 zum Jaufenpass, links auf der SS 508 zum Penser Joch. Kurz hinter Sterzing kommt linker Hand auf einem felsigen Hügel die **Burg Reifenstein**, eine der besterhaltenen Burgen Südtirols, in Sicht. Die Burg ist seit 1813 im Privatbesitz der Tiroler Grafen von Thurn und Taxis und wird von ihnen seitdem im mittelalterlichen Originalzustand erhalten. Die Strecke zwischen Sterzing und Bozen gibt es erst seit Ende der 1930er-Jahre. Zuvor endete die Straße auf Sarntaler Seite am **Penser Joch**. Der Pass gilt als einfach und gute Übungsstrecke für Motorrad- und Radfahrer. Von Sterzing aus führt die Straße mit einer relativ gleichmäßigen Steigung von acht Prozent bergan vornehmlich durch Wald, im oberen Teil Wiesen und Almen. Sie weist bis zur Passhöhe auf 2211 m lediglich fünf Spitzkehren auf, was routinierten Passfahrern nur ein müdes Lächeln entlockt. Aber die Strecke ist dennoch schön und weist im Gegensatz zum Jaufenpass in der Regel wesentlich weniger Autoverkehr auf. Oben angekommen genießt man die grandiose Aussicht auf das Hufeisen-Panorama der Sarntaler Alpen und kann sich auf eine lange Abfahrt

Nahe Sterzing lädt ***Burg Reifenstein*** *zu einem Besuch.*

Weitere Details in der ADAC Trips App

mit einem auf den ersten Kilometern steileren Gefälle von zwölf Prozent freuen – bis Bozen sind es von der Passhöhe etwa 50 km.

Der Gasthof Alpenrosenhof auf dem Penser Joch ist Ausgangspunkt einer schönen, dreistündigen Panoramawanderung auf den Zinseler, einen beliebten Aussichtsberg oberhalb von Sterzing mit herrlicher Aussicht ins Eisacktal, auf die Dolomiten und die Zentralalpen. Etwa 45 Minuten braucht man für eine leichte Rundwanderung, die ebenfalls am Penser Joch startet und auf den Gipfel des Gänsekragen (2322 m) und weiter zum idyllischen Penser-Joch-See führt.

Alpenrosenhof

Gute Einkehr- und Übernachtungsmöglichkeit auf der Passhöhe des Penser Jochs mit bodenständiger Küche und heimeliger Atmosphäre. Geöffnet nur Mitte Mai–Mitte Okt.
Penserjochstr. 29, 39040 Freienfeld, www.penserjoch.com

Die Passstraße zum Penser Joch gilt als einfach und oben ist die Aussicht einfach grandios.

Auf dem Penser Joch, direkt an der Passhöhe, ist die Terrasse des Alpenrosenhofs der ideale Platz für eine aussichtsreiche Jause .

VOM JOCH AN DEN SEE

Auch die, wenngleich etwas steilere, Abfahrt vom Penser Joch hinunter ins wunderschöne **Sarntal** ist nicht anspruchsvoll – rechtzeitiges Runterschalten und kontrolliertes Bremsen reichen aus. Lediglich im oberen Abschnitt gibt es drei enge Spitzkehren, die man konzentriert anfahren sollte. Die Strecke führt entlang der Talfer, einem kleinen Flüsschen, bis Sie mit **Astfeld** den ersten kleinen Ort im Sarntal erreichen, das zum größten Teil unter Naturschutz steht. Von hier aus lohnt sich ein Abstecher in das etwa 12 km entfernte malerische **Durnholzer Tal**. Hier erleben Sie eine urwüchsige Landschaft, fahren an alten, stattlichen Bauernhöfen und traditionsreichen, einladenden Gasthäusern vorbei bis zum Talschluss mit dem **Durnholzer See**.

Auf der Hauptstrecke geht die gemächliche Fahrt weiter nach **Sarnthein**, dem Hauptort des Sarntals und mit 300 km² Fläche größte Gemeinde Südtirols. Im eng bebauten Ortskern stehen noch mehrere Häuser aus dem 14. Jahrhundert. Sehenswert sind in Sarnthein auch Schloss Reinegg aus dem 11. Jahrhundert und das Kirchlein St. Cyprian mit Fresken aus dem 14. Jahrhundert.

Brückenwirt
Gemütliches Wirtshaus mit Südtiroler Küche und lokalen Bieren, Reineggweg 2, 39058 Sarnthein, Tel. 0471 62 22 67

Eher etwas fürs Auge als badetauglich ist der Durnholzer See auf über 1500 Meter Höhe.

Nahe Bozen liegt das schmucke Renaissanceschloss Maretsch.

IN DEN BERG HINEIN

Zeigt sich das Sarntal bei Sarnthein noch als recht weites, offenes Tal mit breiten Wiesenhängen und dichten Nadelwäldern, so verengt es sich im weiteren Verlauf zunehmend. Eine mächtige 12 km lange, schmale Porphyrschlucht mit steilen Felswänden riegelt den Eingang – oder aus Ihrer Fahrtrichtung den Ausgang – des Sarntals zum flachen Bozner Becken hin ab. Vom kleinen Weiler **Bundschen** auf knapp 1000 m Höhe führt die Straße durch insgesamt 24 Tunnel hinein ins Bozner Becken. Hier lohnt sich ein Abstecher zum **Schloss Runkelstein**, die rechts – und wie fast alle Südtiroler Burgen – auf einem hohen Felsen thront. In der Befestigungsanlage können Sie bedeutende profane Malerei aus dem Mittelalter bestaunen. Durch seine bunte Bilderwelt und seine majestätische Lage über dem Eingang zum Sarntal ist das Schloss eine der Attraktionen Südtirols. Zum Angebot der Burggaststätte gehört eine originale Brotzeit mit Südtiroler Spezialitäten. Kurz vor der Landeshauptstadt taucht auf der rechten Seite das eindrucksvolle **Schloss Maretsch** auf. Die Route hinein nach Bozen führt vorbei am Siegesplatz mit den monumentalen Zeugen der faschistischen Architektur aus den 1930er-Jahren unter Diktator Mussolini.

Hotel Greif

Sehr schönes, mit viel zeitgenössischer Kunst eingerichtetes Boutique-Hotel im Zentrum von Bozen mit einer schönen Rooftop Lounge.
Walther Platz, 39100 Bozen, www.greif.it

Einen kurzen Fußweg müssen Sie in Kauf nehmen, wollen Sie das eindrucksvolle Schloss Runkelstein besuchen. Parken können Sie unterhalb des Burgfelsens in der St.-Anton-Straße.

UMSTEIGEPUNKT
BOZEN

Sehenswertes
in der Umgebung

Die Südtiroler Landeshauptstadt gefällt mit lässiger Atmosphäre, mediterranem Flair, ausgezeichneten Restaurants und guten Shopping-Möglichkeiten, z B. in der lebendigen Laubengasse. Sehenswert sind außerdem das Rathaus aus dem 14. Jahrhundert, der Waltherplatz mit dem Denkmal für Walther von der Vogelweide und die Dominikanerkirche mit Fresken und einem Kreuzgang aus dem 14. Jahrhundert. Und natürlich führt kein Weg an »Ötzi« vorbei.

AUSFLUGSTIPP

Von Bozen aus bringen drei Seilbahnen Besucher schnell und bequem in luftige Höhen zwischen 1000 und 1400 m Höhe: nach Oberbozen auf den **Ritten**, nach Jenesien auf dem Tschögglberg und nach Kohlern (www.ritten.com).

Blick vom sonnigen Hochplateau des Ritten mit den Erdpyramiden nach Mittelberg.

Eine besondere Natursehenswürdigkeit sind die Rittner Erdpyramiden, aus eiszeitlichem Gletscherschutt herausgewaschene, bizarre Gesteinsformen.

Der Waltherplatz mit dem Denkmal für Walther von der Vogelweide

ZUR TOUR 1 UND 5
In Bozen haben Sie die Auswahl: Sie können zur Tour 1 Richtung Brenner umsteigen oder auf der Tour 5 auf der Weinstraße Richtung Trient weiterfahren.

3

ETAPPE 3

Von Bozen über Terlan und Lana nach Meran

40 km ca. 1 Std.

Die Strecke führt aus Bozen heraus und über die LS/SP 165 erreichen Sie das hübsche Dorf **Terlan**, das auch schon der Südtiroler Weinstraße zugerechnet werden kann. Wie schon zu Beginn der Tour, bestimmen hier wieder üppige Weinreben das Bild. Aber der Ort im Herzen des Etschtals ist auch für seinen Spargel berühmt – die Spargelfelder sorgen denn auch für etwas andere optische Fahreindrücke – und markieren zudem die nördliche Grenze von »Südtirols Süden«. Über dem Dorf ragt die mächtige Ruine der **Burg**

Weit breitet sich das fruchtbare Etschtal bei Lana zwischen den Bergen aus.

Wirtshaus Vögele
Das urige Traditionsgasthaus mitten in Bozen serviert typische Südtiroler und mediterrane Gerichte, dazu gibt es ausgesuchte Weine aus der Region.
Goethestr. 3, 39100 Bozen, www.voegele.it

Neuhaus empor, im Volksmund auch »Maultasch« genannt nach Margarete, der letzten Landesherrin von Tirol. Sie wurde wegen ihres losen Mundwerks »Maultasch« genannt und die Burg war ihre Lieblingsresidenz.

IM APFELLAND

Wenn Sie der LS/SP 165 weiter folgen, liegt links von Ihnen inmitten von Apfelwiesen **Lana**, ein ebenso malerischer wie beliebter Obst- und Ferienort. Aber ein Abstecher in das traditionsreiche Dorf ist aus einem kulturellen Grund ein Muss: die Pfarrkirche von Niederlana mit dem Schnatterpeck-Altar. Er gilt als größter Flügelaltar des gesamten Alpenraums. Hans Schnatterpeck schuf ihn 1503–11. Der Altar ist 14 m hoch und 7 m breit, üppig ausgestattet und aufwendig vergoldet. Und, Lana besitzt zwar kein Museum für moderne Kunst, dafür aber einen einzigartigen Skulpturenwanderweg und das informative Obstbaumuseum.
Den besonderen Reiz von Lana macht aber eher aus, dass hier Obstwiesen auf dichte Bergwälder, alpines auf mediterranes Klima treffen. Zudem ist der Ort ein guter Ausgangspunkt für ausgedehnte Wanderungen und Radtouren. So führt von Lana Europas zweitälteste, aber natürlich auf modernstem Stand der Technik gehaltene Seilbahn auf den Hausberg, das recht naturbelassene, autofreie **Vigiljoch**.
Zahlreiche Wanderwege durch Lärchenwälder und Almwiesen, die Heilquellen von Bärenbad und das Panorama bis zu

*Im **Südtiroler Obstbaumuseum** in Lana erfährt man, was es mit den Äpfeln und Südtirol auf sich hat und wie sich die Region zum größten zusammenhängenden Obstbaugebiet Europas entwickelte .*

Weitere Details in der ADAC Trips App

Mit Charme und Schick präsentiert sich die herrlich gelegene Kurstadt Meran ihren Gästen.

den Dolomiten machen das Vigiljoch zu einem beliebten Ausflugsziel für Wanderer und Mountainbiker. Entlang der Wege laden traditionelle Berggasthäuser, etwa am kleinen Bergsee Schwarze Lacke, zu einer Pause und Stärkung ein. An der Bergstation der Vigiljocher Seilbahn hat sich sogar ein nobles Hotel etabliert, das Luxus-Designhotel Vigilius Mountain Resort, das Tagesgäste zu Kaffee und Kuchen auf seine große Sonnenterrasse mit Dolomitenblick lädt.

Während sich im Sommer Wanderer, Nordic Walker und Familien, aber auch Mountainbiker und Gleitschirmflieger auf dem Vigiljoch tummeln, verwandelt es sich im Winter in ein idyllisches kleines Familienskigebiet.

Für die Einheimischen besitzt »das Joch«, wie sie es schlicht nennen, aber auch spirituelle Bedeutung. Ausdruck findet dies in der 1793 m hoch gelegenen Kirche St. Vigilius, der »Wetterkirche«, mit künstlerisch überaus wertvollen Fresken aus dem 14. Jahrhundert.

Auf einem Hügel über dem benachbarten **Tscherms** wiederum liegt schon von weitem sichtbar mit **Schloss Lebenberg** eines der schönsten Herrenhäuser im Meraner Land. Es ist noch bewohnt, kann dennoch besichtigt werden und besitzt eine Kapelle aus dem 14. Jahrhundert, einen malerischen Innenhof, einen französischen Ziergarten und einen Rokoko-Spiegelsaal.

Von Tscherms erreichen Sie über die viel befahrene SS 238 wieder **Meran**. Dabei passieren Sie den Ortsteil Meran-Untermais, in dem sich die bekannte

Vigilius Mountain Resort auf dem Vigiljoch

Meraner Pferderennbahn befindet, auf der von Mai bis Oktober hoch dotierte Rennen stattfinden. Höhepunkt der Saison ist alljährlich der traditionsreiche Große Preis von Meran, bei dem Spitzenpferde an den Start gehen. In der Kurstadt Meran endet denn auch die insgesamt 170 km lange Tour durch diesen Teil Südtirols.

Weingenuss zum Schluss

Meran ist eine Weinstadt, ein Besuch in einer Weinbar oder Vinothek daher sehr zu empfehlen. Die **Vinothek Relax** (Cavourstr. 31) serviert zu kleinen, feinen Speisen erlesene Tropfen. **Die Weinbar** (Via Principale 26) ist eine lockere Location mit tollen Weinen und einfachen, aber guten Gerichten. Und auch das **Anno 1910** (Marktstr. 20) im gleichnamigen Boutique-Hotel ist weinmäßig gut aufgestellt.

Merans Kurpromenade an der Passeier ist ein beliebter Treffpunkt für Einheimische und Besucher.

TOUR 4

Kurvenspaß und Gipfelglück

Vom Reschenpass durch den Vinschgau nach Meran

Die Tour durch den Vinschgau startet am Reschenpass an der Grenze zwischen Italien und Österreich und führt hinunter bis in das mediterran anmutende Meran. Dabei geht es gemächlich durch beschauliche Dörfer, vorbei an Schlössern und Weinbergen, nicht jedoch ohne Abstecher in hochalpine Regionen: zum »König Ortler«, dem höchsten Berg Südtirols, und ins Schnalstal zum Fundort von Ötzi.

Seite 118

In 48 Kehren geht es hinauf zum Stilfserjoch – ein Traum für alle, die Autofahren lieben.

Die Tour auf einen Blick

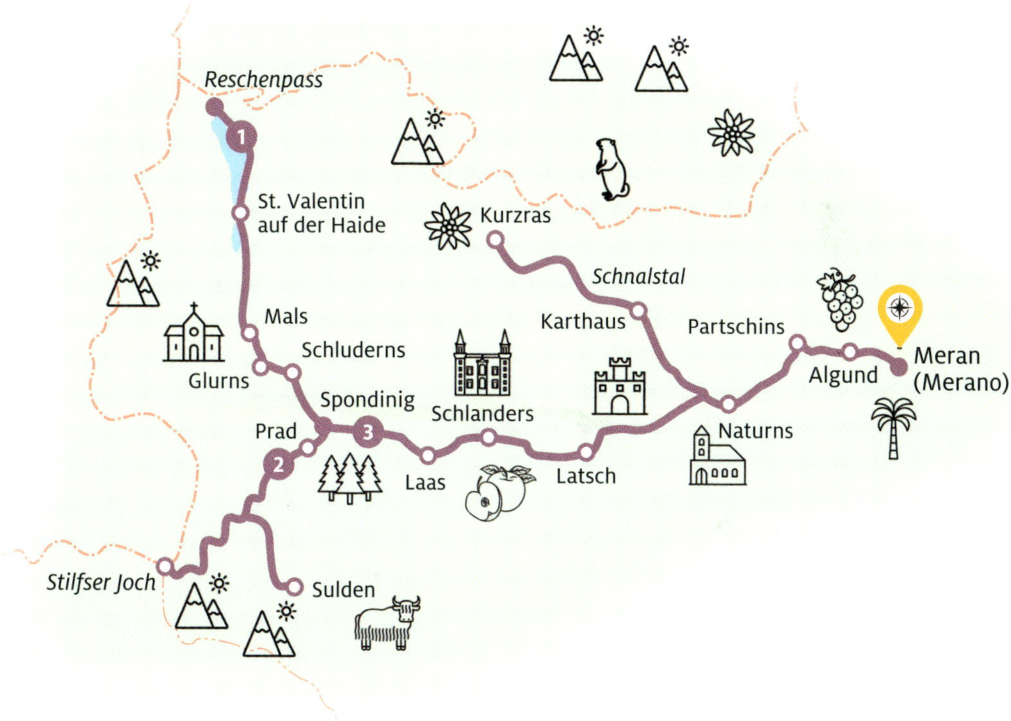

ORTE ENTLANG DER ROUTE

1. Reschenpass – St. Valentin auf der Haide – Mals – Glurns – Schluderns – Spondinig

2. Spondinig – Prad – Sulden – Stilfser Joch – Prad – Spondinig

3. Spondinig – Laas – Schlanders – Latsch – Schnalstal – Naturns – Partschins – Algund – Meran

KILOMETER
ETAPPE 1: 31 KM
ETAPPE 2: 78 KM
ETAPPE 3: 50 KM

Navigation und GPX-Download

REINE FAHRTZEIT
ETAPPE 1: ¾ STUNDE
ETAPPE 2: 2½ STUNDEN
ETAPPE 3: 1 STUNDE

1

ETAPPE 1

Durch den Obervinschgau bis Spondinig

↔ 31 km ca. ¾ Std.

Los geht die abwechslungsreiche Tour durch den Vinschgau in karger, aber reizvoller Landschaft auf dem **Reschenpass**, wo auch die Etsch entspringt.
Der 1507 m hohe Übergang über den Alpenhauptkamm bildet die Grenze zwischen Südtirol und damit auch Italien und Österreich. Im Übrigen ist auch die Schweizer Grenze nicht fern.
Die Passstraße SS 40 ist eine gern gefahrene und gute Alternative zum weiter östlich gelegenen Brenner und daher einer der beliebtesten Anreisewege nach Südtirol. Zumal der Pass fahrerisch als nicht besonders anspruchsvoll gilt und die Landschaftseindrücke sehr vielfältig sind.
Das zeigt sich bereits auf den ersten Kilometern. Kurz hinter dem Reschenpass führt die Strecke am **Reschensee**, einem künstlich angelegten Stausee, entlang. Bei der Flutung im Jahr 1950 wurden das gesamte Dorf Graun und ein Großteil des Dorfes Reschen im See versenkt. Heute zeugt nur noch der aus dem Reschensee ragende **Kirchturm von Alt-Graun** – eines der beliebtesten Fotomotive auf der Route – vom versunkenen Alt-Graun.
Über das neue Graun im Vinschgau geht es nach **St. Valentin auf der Haide**, einem schmucken Ferienort mit familienfreundlichem Skigebiet auf der Haideralm, der auch bei Bikern sehr beliebt ist. Das Dorf liegt malerisch am Ufer des natürlichen Haidersees, der wie auch der Reschensee im Winter ein Eldorado für Eissportler ist.

Mohrenwirt

Eine gepflegte, gemütliche Adresse für Genießer. Es gibt auch stilvoll eingerichtete, helle Zimmer und Suiten sowie eine Ladestation für E-Autos.
Burgeis 81, 39024 Mals,
www.der-mohrenwirt.com

SONNE TANKEN IM SONNIGSTEN ORT

Von St. Valentin fällt die Malser Haide sanft nach Süden ab, das Hochplateau öffnet sich und gibt den Weg in den Vinschgau frei. Beeindruckend ist von hier aus der Ausblick auf das mächtige **Ortlermassiv**. Die Malser Haide ist eine im Alpenraum einmalige Nutzlandschaft mit Wiesen und Getreidefeldern, die von Bewässerungskanälen (Waale) durchzogen ist. Am Rande der Malser Haide liegt das hübsche Dorf **Mals**, lebendiges Zentrum des Obervinschgaus und, laut Eigenwerbung, der sonnigste Ort Südtirols. Kein Wunder also, dass hier bereits die ersten Obstkulturen in den Blick kommen. Das auffällige Ortsbild wird von fünf

Von der St. Anna Kapelle in Graun fällt der Blick auf den versunkenen Kirchturm von Alt-Graun im Reschensee.

*Nahe Mals liegt oberhalb des Dorfs Burgeis in 1344 m Höhe eine Top-Sehenswürdigkeit: die 900 Jahre alte **Benediktinerabtei Marienberg**, deren imposante schneeweiße Fassade mit ihren vielen Fenstern schon von Weitem zu sehen ist.*

Weitere Details in der ADAC Trips App

markanten Kirch- und Burgtürmen geprägt, darunter der 33 m hohe, runde Bergfried der **Burgruine Fröhlichsburg**. Die karolingischen Freskenmalereien in der Kirche **St. Benedikt** zählen neben St. Prokulus bei Naturns zu den ältesten Wandgemälden im deutschsprachigen Raum überhaupt.

PERLEN IM TAL

Ein ganz besonderes Kleinod ist der nächste Ort an der Strecke: **Glurns**, die kleinste Stadt Südtirols mit weniger als 1000 Einwohnern, präsentiert sich mit vollständig erhaltenen Wehrmauern, drei wuchtigen Tortürmen, malerischen mittelalterlichen Laubengängen und bestens erhaltenen Bürgerhäusern. In den engen Gassen scheint wirklich die Zeit stehen geblieben zu sein.

Ganz anders als in dem über die SS 41 nur einen Katzensprung entfernten **Schluderns**, einer lebendigen, modernen Gemeinde. Überragt wird der Ort sowohl von einigen Dreitausendern als auch von der eindrucksvollen **Churburg**, dem wohl schönsten Schloss im Vinschgau. Die Grafen von Trapp gestalteten die im 13. Jahrhundert erbaute Burg im 16. Jahrhundert zu einem prächtigen Renaissanceschloss um und bewohnen es noch heute. Legendär ist die Sammlung alter Ritterrüstungen, die in der Waffenkammer zu besichtigen ist.

Über die SS 40 sind es nur fünf Minuten zu dem kleinen Ort **Spondinig** – eher eine Ansammlung verstreuter Häuser als ein zusammenhängender Ortskern. Von dem Dorf hört man normalerweise nicht viel, hat es doch keine besonderen Attraktionen zu

bieten. Interessant ist jedoch, dass der Flecken einst eine der bedeutendsten Poststationen der Donaumonarchie beherbergte. Heute steht das Hotel Post unter Denkmalschutz. Dennoch ist Spondinig das Ziel der ersten Etappe der Vinschgau-Tour – und wird auch das Ziel der zweiten Etappe sein. Geradeaus geht es weiter talwärts Richtung Meran. Wer es etwas eiliger hat, kann also einfach direkt weiterfahren. Wer jedoch den Vinschgau in all seinen Facetten erleben möchte, der biegt 300 m nach dem Ort im Kreisverkehr rechts ab auf die SS 38 Richtung Sulden und Stilfserjoch und startet zu einer unbedingt fahrens- und erfahrenswerten Etappe ins absolute Hochgebirge inklusive des höchsten Punkts aller in diesem Band beschriebenen Touren.

Die mächtige Churburg in Schluderns ist eine der schönsten Burganlagen Südtirols.

Der hübsche Ort Mals im Obervinschgau ist eine der ältesten Siedlungen Südtirols und heute ein regionales Zentrum.

ETAPPE 2

Von Spondinig zum Ortler nach Sulden – und ein Ausflug zum Stilfserjoch

⟷ 78 km ca. 2½ Std.

Kurz hinter Spondinig biegt die SS 38, die Stilfserjochstraße, rechts ab. Auch wenn unsere Vinschgau-Tour eigentlich nur nach Sulden führt, lässt sie sich doch recht einfach um einen Abstecher auf das **Stilfserjoch** (auch Stilfser Joch), den mit 2757 m höchsten Pass Italiens und zweithöchsten der Alpen nach dem l'Iseran, erweitern. Zunächst aber geht es erst einmal noch recht gemächlich bergauf durch die reizvolle grüne und bewaldete Landschaft nach **Prad**. Das quirlige Dorf liegt noch auf der Talsohle auf gut 900 m Höhe und am Eingang zum **Nationalpark Stilfserjoch**, dem größten Nationalpark Südtirols. Unübersehbar thront über dem Dorf die Schlossruine der einstigen Trutzburg Lichtenberg. Im Dorfzentrum liegt gut sichtbar das Nationalpark-Besucherzentrum **acquaprad**, in dem die Bedeutung des Elements Wassers als Lebensraum für den Nationalpark interaktiv erklärt wird. Eine weitere Entdeckungsreise bietet der Naturerlebnispfad Prader Sand mit 18 interaktiven Stationen zu den Themen Wald, Wildfluss und Bewässerungskultur.

VON NUN AN GEHT'S BERGAUF

Ganz allmählich gewinnt der Autofahrer an Höhe und erreicht kurz vor **Gomagoi** die ersten Serpentinen. Das kleine Dorf an der Einmündung des Trafoitals in das Suldental ist ein beliebter Ausgangspunkt für Bergtouren im Sommer und Skiaktivitäten im Winter. Nach Gomagoi wird die Straße Richtung Sulden deutlich steiler und kurvenreicher mit einigen echten Spitzkehren. Doch immer noch zeigt sich die Landschaft bewaldet. Etwa 5 km hinter Gomagoi biegt die Panoramastraße zum Stilfserjoch, der »Königin der Alpenstraßen«, rechts ab nach **Trafoi**.
In Trafoi, mitten im Nationalpark Stilfserjoch, liegt das Besucherzentrum **naturatrafoi** an der serpentinenreichen Stilfserjoch-Passstraße.
Die Straße zum **Stilfserjoch** wurde in den 1820er-Jahren unter großen Mühen gebaut. Der Streckenverlauf weist bis heute nur wenige Änderungen auf. Die Distanz von Spondinig bis zur Passhöhe in 2757 m beträgt 27,5 km. Dabei werden auch mittels 48 Kehren *(tornanti)* 1870 m Höhenunterschied bewältigt – alle ungeraden Kehren sind übrigens Linkskehren. Auf der anderen Seite geht es hinunter ins Veltlin (Lombardei) nach Bormio.
Das Stilfserjoch ist in der Regel von Mai bis Anfang November geöffnet.
In den Sommermonaten herrscht ein reger Ausflugsverkehr. Neben Automobilen bewältigen auch jede Menge

Mal nicht selber fahren ist auch schön: hier mit einem Sessellift bei Sulden vor dem Ortler.

Der kleine Ort Stilfs ist der ideale Ausgangspunkt für Touren zum Ortler und zum Stilfserjoch.

Motorräder und Hobby-Radrennfahrer die steilen Rampen – einmal im Jahr wird die Passstraße für den motorisierten Verkehr gesperrt und ausschließlich für Radfahrer geöffnet. Die Schnellsten fahren die Strecke ab Prad unter einer Stunde und 20 Minuten hinauf. Anfangs säumen noch Bäume die Straße, erst bei etwa 2000 m Höhe passiert man die Baumgrenze. Von da an geht es durch eine kahle Gebirgslandschaft bis zur Passhöhe – links hinüber hat man einen tollen Blick auf das **Ortlermassiv**. Auf dem Stilfserjoch liegt nicht nur das höchste Sommer-Skigebiet der Alpen. Es gibt auch zahlreiche Cafés und Imbissstände und an manch einem sonnigen Wochenende herrscht fast schon so etwas wie Kirmesstimmung.

UMRINGT VON 3000ERN

Nicht nur auf der Panoramastraße zum Stilfserjoch gibt es Spitzkehren. Auch wer von Gomagoi auf der SS 38 und der SS 622 Richtung **Sulden** weiterfährt, kurbelt sich durch ein paar *tornanti,* bevor das Bergsteiger- und Skifahrerdorf am Fuße des 3905 m hohen **Ortler**

Bei so einer Aussicht macht jede Radtour Spaß.

erreicht ist – der »König Ortler« ist der höchste Berg Südtirols und die Bergkulisse umrahmt den Ort wie ein natürliches Amphitheater. Seit der Erstbesteigung 1804 ist er Anziehungspunkt für Alpinisten aus aller Welt. Auch Reinhold Messner, der vielleicht berühmteste Alpinist, hat hier auf einer sich öffnenden Hochebene auf 1900 m deutliche Spuren hinterlassen. 1985 brachte der Bergsteiger tibetische Yaks, eine in Zentralasien verbreitete Rinderart, nach Sulden. Seitdem führt er seine zotteligen Tiere alljährlich Ende Juni von der Talstation der Seilbahn Sulden auf die Madritscher Weideflächen. Apropos Seilbahn: Die eindrucksvolle Bergkulisse lohnt auch für weniger sportenthusiastische Menschen den Besuch des berühmten Bergdorfs. Warme Kleidung vorausgesetzt, kann man sich mit der Seilbahn in eisige Gletscherregionen in das Skigebiet auf der Madritsch befördern lassen und eine fantastische Aussicht genießen – die 3000er-Gipfel sind hier zum Greifen nah.
Wer sich noch weiter mit Eis und Fels beschäftigen möchte: Auch dazu gibt es Gelegenheit. Reinhold Messner hat in Sulden das **MMM Ortles** geschaffen, Teil seines Museumsprojekts »Messner Mountain Museum« (MMM).
Eine alternative Route die gut 1000 Höhenmeter hinab nach Spondinig, wo die zweite Etappe endet, gibt es nicht, aber die Fahrt so abwechslungsreich, dass man sie gut mehrmals fahren kann und immer wieder neue Ausblicke entdeckt. Die Abfahrt ist ohne Pause in etwa einer Dreiviertelstunde bewältigt.

Das unterirdisch angelegte ***MMM Ortles*** *widmet sich den Themen Gletscher und Eis. Reinhold Messner erzählt hier auch von Schneemenschen und Schneelöwen, vom Whiteout und dem dritten Pol.*

Weitere Details in der ADAC Trips App

Yak & Yeti

Reinhold Messner hat mitten in der Ortler-Bergwelt einen alten Bauernhof aus dem Jahr 1600 vor dem Verfall gerettet und ihn in ein Restaurant umgewandelt. Forststr. 28, 39029 Sulden, Tel. 38 06 57 49 67

Am Ende des Suldentals und nach einigen Kehren und Kurven ist der Höhenkurort Sulden vor spektakulärer Kulisse erreicht.

ETAPPE 3

Durch den unteren Vinschgau nach Meran

⟷ 50 km ca. 1 Std.

Wenn Sie bei Spondinig die Talsohle erreicht haben, haben Sie auch die alpinen Landschaften hinter sich gelassen – auch wenn natürlich weiterhin Berge und Gipfel das reizvolle Panorama prägen. Doch zunehmend dominierend werden auf der weiteren Fahrt Richtung Meran (SS 38 und SS 52) Obstplantagen – der Apfel gehört zu den wichtigsten Exportprodukten Südtirols – und Weinberge. Bereits nach wenigen Minuten erreichen sie **Laas**. Das Dorf ist für seinen edlen weißen Marmor bekannt, der bereits seit dem 15. Jahrhundert abgebaut wird. Die Lagerstätte ist eine von nur drei Vorkommen in ganz Europa. Zu sehen ist der weiße Marmor etwa bei den Marmorsäulen an der Laaser Hauptstraße. Oder, wenn man anhält, in der Pfarrkirche, in der die romanische Apsis rekonstruiert wurde. Laas gehört zu

Der Vinschgau ist der Apfelgarten Südtirols, die Früchte gedeihen hier prächtig.

»Rotes Schloss« wird er auch genannt, der barocke Ansitz Mühlrain im Zentrum von Latsch.

Schlanders, dem wirtschaftlichen Zentrum des Vinschgaus, das mit seinem städtischen Flair und seiner Fußgängerzone zum Bummeln und zum Shoppen einlädt. Schon von weitem ist der Turm der Pfarrkirche Maria Himmelfahrt sichtbar: mit 97 m der höchste Kirchturm Südtirols. Im Ortskern zeugen der prächtige Renaissancebau der um 1600 erbauten Schlandersburg sowie stattliche Herrenhäuser von der glänzenden Vergangenheit des Ortes. Hier, auf nur noch 700 m Meereshöhe, ändern sich Klima und Landschaftsbild. Es wachsen Marillen (Aprikosen), die ersten Weinberge zeigen sich. Obst und Wein bestimmen auf den nächsten Kilometern das Landschaftsbild. So ist auch **Latsch** von Obstgärten umgeben. Auffällig ist im Ort die rote Fassade des Herrenhauses Mühlrain, bedeutender jedoch die Spitalkirche zum Hl. Geist mit dem Flügelaltar von Jörg Lederer, einem der bedeutendsten Kunstwerke Südtirols. Das benachbarte **Kastelbell** hat seinen Namen von der Burg Kastelbell, die weithin sichtbar über dem Tal thront.

Kuppelrain
Das ausgezeichnete Restaurant und Bistro verwöhnt mit einem herausragend bestückten Weinkeller, darf sich mit einem Michelin-Stern schmücken und hat auch schöne Zimmer.
Bahnhofstr. 16, 39020 Kastelbell,
www.kuppelrain.com

Burgherren wussten, wie man Ausblicke schafft. Von Reinhold Messners Schloss Juval etwa reicht die Aussicht weit über das Tal der Etsch.

MYTHOS BERG UND GEHEIMNIS ÖTZI

Nach weiteren 10 km grüßt auf dem Weg nach Naturns das vorbildlich restaurierte **Schloss Juval** am Eingang des Schnalstals – geparkt werden muss unten an der Staatsstraße, bevor es die letzten Kilometer mit dem Shuttle-Bus sehr kurvenreich bergauf geht. Das Schloss ist bekannt als zeitweiliger Wohnsitz von Reinhold Messner und gehört wie das Museum in Sulden ebenfalls zu seinem MMM-Museumsprojekt; das hiesige **MMM Juval** ist dem Mythos Berg gewidmet und zeigt zahlreiche Exponate aus Messners Privatsammlungen. Gemütlich einkehren kann man beim Schlosswirt Juval.

Zurück auf der SS 38 zweigt kurz vor Naturns eine Straße ins **Schnalstal** ab, das sich nach Nordwesten Richtung Ötztaler Alpen erstreckt. Am Talschluss in **Kurzras** führt eine Seilbahn hinauf in ein attraktives Gletscher-Skigebiet. Die Fahrt dorthin führt über den Ort **Karthaus** erneut in eine hochalpine Landschaft mit zahlreichen Dreitausendern. Hauptattraktion des Schnalstals ist jedoch der Fundort der Eismumie **»Ötzi«**.

*In Unsere Frau in Schnals wurde der **archeoParc** eingerichtet. Das archäologische Aktivmuseum widmet sich unter anderem dem Lebensraum von Ötzi, dem »Mann aus dem Eis«. Vom Museum und vom Freigelände aus ist der Berggrat, hinter dem sich die Ötzi-Fundstelle befindet, sichtbar.*

Weitere Details in der ADAC Trips App

Gasthof Falkenstein

Im Gasthof Falkenstein kocht Chef Peter Pratzner noch selbst. Auf den Tisch kommen traditionelle Südtiroler Gerichte wie etwa Brennnesselknödel oder gemischte Teigtaschen. Die guten Weine kommen direkt vom Weingut nebenan.
Schlossweg 15, 39025 Naturns,
www.gasthof-falkenstein.com

KIRCHE MIT GROSSER KUNST

Vom Schloss-Juval-Parkplatz aus fahren Sie auf der SS 38 weiter in das nahe gelegene **Naturns**. Ein Halt in dem 4500-Einwohner-Ort im Untervinschgau ist vor allem für kultur- und kunsthistorisch Interessierte Pflicht. Der Grund dafür ist die äußerlich unscheinbare Kirche **St. Prokulus** mitten in den Obstgärten mit ihren bedeutenden Fresken aus dem 8. Jahrhundert und dem dazugehörigen Museum. Die Darstellungen der Figuren wirken fast abstrakt. Berühmt ist vor allem die Szene an der Südwand, die den heiligen Prokulus, Bischof von Trient, bei seiner Flucht über die Stadtmauer von Verona zeigt.

DORFIDYLLEN IM TAL

Nun sind Sie schon fast in Meran, erreichen aber zuvor noch **Partschins**. Der vom Obstanbau geprägte Ort liegt auf 642 m Höhe am Fuß der mächtigen **Texelgruppe** und ist das Tor zum Meraner Land. Bekannt ist Partschins

Die Gipfel der Texelgruppe, eines wahren Wanderparadieses, überragen die charmanten Orte Dorf Tirol (hinten) und Algund (vorne).

Partschinser Wasserfall

für seinen Wasserfall, der mit einer Fallhöhe von 97 m einer der eindrucksvollsten in den Alpen ist. Der Ort ist auch ein beliebter Einstieg in den südlichen **Meraner Höhenweg**, der entlang der südlichen Hänge der Texelgruppe verläuft. Gerne besucht wird auch das Schreibmaschinenmuseum mit einer der weltweit größten Schreibmaschinensammlungen: 150 Jahre Technik- und Kulturgeschichte von der Erfindung Peter Mitterhofers im Jahr 1864 bis hin zum digitalen Zeitalter.

Hotel Castel

Das Restaurant Castel im gleichnamigen Hotel gilt als eines der Top-Restaurants in Südtirol und vielleicht sogar mit dem besten Weinkeller. Fine Dining in lauschiger Umgebung. Kastanienweg 60, 39019 Dorf Tirol, www.hotel-castel.com

Meran quasi schon in Sichtweite kommt man nach **Algund**, halb noch im Vinschgau, zur anderen Hälfte schon zum Etschtal gehörend, und gelangt sanft hinab in den weiten Meraner Talkessel. Algund nennt sich auch das »Gartendorf« und so üppig grün umrahmt von Bergen präsentiert es sich auch. Zumal Algund auch ein recht bedeutendes Weindorf ist. So wachsen hier etwa die Trauben Sauvignon Blanc, Weiß- und Grauburgunder, Merlot und Lagrein für die erstklassigen Weine von Schloss Plars – im Übrigen auch ein schönes Weinhotel, an den Hängen oberhalb von Algund.
Neben Genuss hat sich Algund inzwischen auch gesundheitsfördernde Outdoor-Erlebnisse auf die Fahnen geschrieben. Die guten Voraussetzungen dafür wurden durch eine in Auftrag gegebene Natur- und Klimatherapiestudie unterstrichen. Um neue Kraft zu schöpfen, bieten sich viele Ruheplätze, Waldbaden in der Atmosphäre des Algunder Waldes, Achtsamkeitsübungen, geführte Kräuterwanderungen und 50 Kneipp-Stationen an.
Von Algund sind Sie in nur fünf Minuten in **Meran**. Viele verbinden den Aufenthalt mit einem Besuch des nahe gelegenen, zwischen Obstgärten und Weinbergen eingebetteten und fast schon zu malerischen **Dorf Tirol**. Zum Ort gehört das Schloss Tirol, von dem das Land seinen Namen erhielt. Erbaut wurde es von den Grafen von Vinschgau vermutlich Mitte des 12. Jahrhundert. Sie nannten sich dann nach ihrem neuen Stammschloss »Grafen von Tirol«.

Der Meraner Höhenweg hält, was er verspricht: Es geht hoch hinauf, z. B. zu dieser Aussichtsplattform oberhalb der Muthöfe.

UMSTEIGEPUNKT
MERAN

Sehenswertes
in der Umgebung

Nehmen Sie sich die Zeit, diese wunderschöne Stadt zu erkunden. Die traditionsreiche Kur- und Kulturstadt galt dank ihrem angenehm milden Klima und mediterranen Flair bereits im 19. Jahrhundert als europäisches Top-Reiseziel – was eindrucksvoll und sehenswert im Touriseum in Schloss Trauttmansdorff dokumentiert ist. Wenn Sie nicht allzu viel Zeit haben, verschafft Ihnen ein Bummel durch die Altstadt einen hervorragenden ersten Eindruck. Schlendern Sie durch die engen Gassen oder flanieren Sie unter den Lauben entlang. Die autofreie Laubengasse führt vom Pfarrplatz zum Kornplatz. Oder Sie entspannen in der herrlichen Therme Meran.

AUSFLUGSTIPP
Oberhalb der Stadt erstreckt sich das familienfreundliche Wander- und Skigebiet **Meran 2000**, die Sonnenterrasse Merans, auf einem Hochplateau.

Der Weinbau prägt auch die Umgebung von Meran und sorgt für feinen Genuss.

Mit dem Auto erreicht man es auf einer gut ausgebauten und ausgeschilderten Panoramastraße (LS/SP 98) nach Hafling, der Heimat der berühmten Haflinger Pferde mit ihren markanten weiß-blonden Mähnen. Zur Bergstation Meran 2000 geht es ab Hafling/Falzeben mit der Umlaufbahn oder bereits schon vorher per Seilbahn von der Talstation Naif.

Haflinger Pferd

ZUR TOUR 3
In Meran können Sie zur Tour 3 zu einer Rundfahrt via Jaufenpass, Penser Joch und Bozen umsteigen.

TOUR 5

Zwischen Burgen und Schlössern durchs Weinland

Von der Landeshauptstadt auf der Südtiroler Weinstraße nach Trient

Auf dieser Tour lernen Sie die andere, die weniger bekannte Seite von Südtirol kennen. Keine Berge, keine Täler, keine Skigebiete – stattdessen idyllische Weinlandschaften mit malerischen Dörfern und prächtigen Ansitzen. Dazu passend eine erstklassige Kulinarik und kulturelle Highlights.

Seite 148

In den Weinbergen von Kurtatsch wachsen neben heimischen Rebsorten auch Cabernet Sauvignon und Chardonnay.

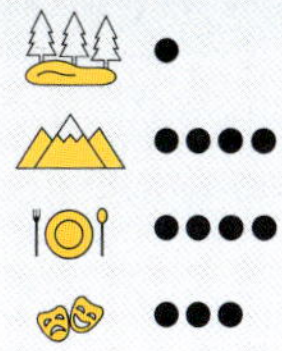

Die Tour auf einen Blick

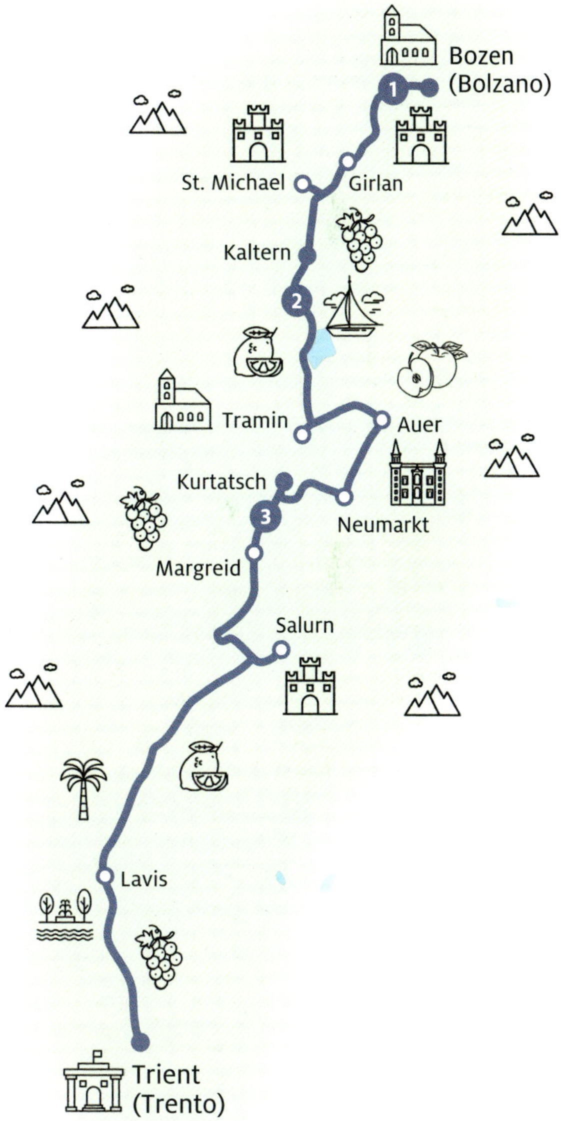

ORTE ENTLANG DER ROUTE

1. Bozen – Girlan – Eppan – Kaltern

2. Kaltern – Tramin – Auer – Neumarkt – Kurtatsch

3. Kurtatsch – Margreid – Salurn – Trient

KILOMETER
ETAPPE 1: 20 KM
ETAPPE 2: 30 KM
ETAPPE 3: 35 KM

Navigation und GPX-Download

REINE FAHRTZEIT
ETAPPE 1: ½ STUNDE
ETAPPE 2: ½ STUNDE
ETAPPE 3: ¾ STUNDE

ETAPPE 1

Von Bozen nach Kaltern

20 km ca. ½ Std.

Diese Tour durch das Südtiroler Unterland wird vom Wein bestimmt. Doch am Anfang und am Ende liegen mit Bozen und Trient die beiden Landeshauptstädte der autonomen Regionen Südtirol und Trentino. Sie haben zwar auch viel in Sachen Wein zu bieten, vor allem aber sprühen sie vor mediterranem Flair und bieten auch kulturelle Highlights.

AUF DIE STRASSE DES WEINS

Sie lassen den städtischen Verkehr in Richtung Süden hinter sich. Bevor es jedoch richtig in den Wein geht, wartet zuvor noch eine Top-Sehenswürdigkeit, die schon von Weitem ins Auge fällt: **Schloss Sigmundskron**. Im 15. Jahrhundert wurde die Burg vom Tiroler Herzog Sigmund dem Münzreichen zu einer damals modernen Festung ausgebaut. Später nahm der Alpinist Reinhold Messner die Burg für sein Messner Mountain Museum (MMM) in Besitz. Sie fahren weiter Richtung Süden und erreichen nach wenigen Minuten das Dorf **Girlan** mit seinem hübschen, historischen Ortskern mit schmalen verwinkelten Gassen. Girlan ist das erste Dorf – in manchen Beschreibungen geht die Weinstraße auch bis Terlan oder Nals – südlich von Bozen an der **Südtiroler Weinstraße** und gehört bereits zur Großgemeinde Eppan. Insgesamt befinden sich 16 Orte und 70 Kellereien an der Weinstraße – genügend Gelegenheiten also für die eine oder andere Weinverkostung – Übernachtungsmöglichkeiten sind reichlich vorhanden. Im Übrigen ist die Weinroute gut ausgeschildert und auch nach einem Abstecher findet man immer wieder leicht auf die Hauptstrecke zurück.
Bis nach **Eppan**, dem Weindorf mit der größten Rebfläche in ganz Südtirol, ist es dann auch nur noch ein Katzensprung. Verwaltungssitz der Großgemeinde ist **St. Michael**, ein malerisches und zugleich sehr genussreiches Dorf inmitten von Weinbergen. Rechter Hand, im Westen, wird die Weinregion

Fischbänke

Ein Muss im Sommer ist der Besuch der Freiluftbar Fischbänke. Hier gibt es ausgezeichnete Weine und Snacks.
Dr.-Josef-Streiter-Gasse 28, 39100 Bozen

*Die Ausstellung im **MMM Firmian** auf Schloss Sigmundskron setzt ihren Schwerpunkt auf die Beziehung zwischen Mensch und Berg.*

Weitere Details in der ADAC Trips App

Ein Mann mit vielen Schlössern: In Schloss Sigmundskron hat Reinhold Messner sein MMM Firmian untergebracht.

An einem Feldweg oberhalb von St. Michael-Eppan liegt die romantische Gleifkirche.

Zwischen Weinbergen hindurch führt die Weinstraße geradewegs zum Kalterer See.

von dem steil aufragenden Mendelkamm begrenzt, der sich praktisch parallel zur Weinstraße nach Süden zieht und die kalten Winde abhält.
Die Weinbergslandschaft wird immer wieder von einzelnen Hügeln aufgelockert, auf einigen von ihnen thronen schmucke Ansitze. Die Adeligen wussten schon immer, wo es sich gut leben ließ. Insgesamt ragen im Südtiroler Unterland 180 Burgen, Schlösser und Ansitze aus dem Rebenmeer empor. Da verwundert es nicht, dass während der Fahrt praktisch immer irgendeine Burg zu sehen ist. So gruppiert sich um den Ortskern von St. Michael in Richtung Mendelkamm eine stattliche Anzahl von Ansitzen. Die **Burg Hocheppan**, bei der echte Ritterromantik aufkommt, ist Teil des klassischen Burgendreiecks oberhalb von **Missian**, einem Ortsteil von Eppan. Die beiden anderen Burgen sind das 1235 erbaute Schloss Boymont, heute eine Ruine, und das Schloss Korb, das ein Luxushotel mit ausgezeichnetem Restaurant beherbergt.
Auf der Südtiroler Weinstraße ergeben sich immer wieder aufs Neue malerische Landschaftsansichten und einzigartige Ausblicke. Das gilt auch für das kurze, gut ausgebaute Stück Straße bis nach **Kaltern am See**. Seit Jahr-

Zur Rose

Herbert Hintner steht in einem der Top-Restaurants Südtirols am Herd und serviert eine moderne, regional geprägte Küche.
Josef Innerhoferstr. 2, 39057 St. Michael/Eppan, www.zur-rose.com

hunderten ist Kaltern vom Wein und seinem Anbau geprägt. Herrschaftliche Ansitze und traditionsreiche Weingüter zeugen ebenso von einer lebendigen Weinkultur wie das offizielle Südtiroler Weinmuseum, das in Kaltern seinen Sitz hat und unbedingt einen Besuch wert ist. Ansonsten lohnt die Altstadt mit der Pfarrkirche, dem Marktplatz und der malerischen Marktgasse einen Bummel, wo man in zahlreichen Kellereien, Restaurants und Schankbetrieben den örtlichen Wein, den »Kalterer See«, verkosten kann, dessen Qualität sich in den letzten Jahren stetig verbessert hat. Ausflugstipp: Eine Standseilbahn führt von Kaltern-St. Anton hinauf zum **Mendelpass** in 1363 m Höhe. Die Bahn, die steilste Europas, wurde bereits 1903 erbaut und bewältigt in nur zwölf Minuten Fahrzeit bei einer Steigung von teilweise 64 Prozent einen Höhenunterschied von 850 Metern. Der Mendelpass ist mit seinen ausgedehnten Wiesen und Wäldern ein beliebtes und abwechslungsreiches Wandergebiet mit schöner Aussicht. Aber natürlich kann man die Passstraße des »Mendels« auch mit dem eigenen Pkw hinaufkurven.

Allegra

Die schöne Weinbar im Ansitz Schreckenstein lädt in einen idyllischen Innenhof mit mediterranem Flair.
Unterrainerstr. 24, 39057 St. Pauls/Eppan,
Tel. 0339 624 1592

Mit dem Auto braucht man von Kaltern-St. Anton etwa 30 Minuten auf den Mendelpass.

ETAPPE 2

Von Kaltern durch die Reben nach Kurtatsch

⟷ 30 km ca. ½ Std.

Sie folgen auch hinter Kaltern weiterhin der ausgeschilderten Weinstraße nach Süden. Rechter Hand ragt als höchste Erhebung des Mendelkamms der 2116 m hohe Monte Roen hervor. Links erstreckt sich der **Kalterer See**. Er gilt als größter und wärmster Badesee der Alpen (bis zu 28 Grad Wassertemperatur) und ist bereits ab Mai ein Paradies zum Baden, Segeln und Surfen. Die Weinreben reichen fast bis an seine Ufer heran. Ansonsten wird die Szenerie von Kilometer zu Kilometer, während Sie sich der bekannten Weingemeinde **Tramin** nähern, immer mediterraner. Vor Ihnen breitet sich ein Rebenmeer aus, so weit das Auge reicht, aber in den Gärten wachsen auch Feigen, Zypressen und Zitronenbäume. Tramin ist die Heimat des Gewürztraminers und einiger der bekanntesten Weingüter Südtirols. Eines von ihnen ist etwa das Weingut J. Hofstätter im Herzen des historischen Weindorfs mit seiner pittoresken Altstadt. Ein anderes ist die Cantina Tramin, die

*Am **Kalterer See** können Sie ab dem späten Frühjahr bis in den Herbst Badevergnügen in angenehm temperiertem Wasser genießen .*

Weitere Details in der ADAC Trips App

Lido am Kalterer See

Neben dem Zugang zum See und großer Liegewiese bietet das Lido auch verschieden Becken zum Schwimmen sowie eine Terrasse und ein Restaurant mit Pizzeria. St. Josef am See 16, 39052 Kaltern, www.kaltern.com

ihre Trauben von 160 Winzerfamilien bezieht und deren modernes Kellereigebäude beispielhaft für die neue, zeitgemäße Wein-Architektur in Südtirols Süden stehen kann. Aber auch die Vinothek von Hofstätter zeigt echtes Design-Potenzial. Design der Marke Mittelalter zeigt wiederum die erhöht über dem Ort gelegene Kirche St. Jakob mit Fresken aus dem 13. Jahrhundert, die sogenannten bizarr-skurrilen Bestiarien, Szenen mit Fabelwesen halb Mensch, halb Tier.

Leuchtenburg
Schicke Designer-Pension mit 12 Zimmern direkt am Kalterer See mit Privatstrand und Seesauna. Kreatives Frühstück und Abendessen mit regionalen Produkten. Klughammer 14, 39052 Kaltern, www.leuchtenburg.it

IM ZICKZACK DURCH WEINDÖRFER

Die »einfache« Weinstraße führt von Tramin einfach weiter nach Süden über Kurtatsch und Margreid nach Salurn. Doch die Südtiroler Weinstraße präsentiert sich ab Tramin quasi zweigleisig.

Hier lässt es sich gut aushalten, im und am Wasser des Kalterer Sees.

Noch zweimal um die Kurve und die Südtiroler Weinstraße erreicht das hübsche Weindorf Tramin, Heimat des Gewürztraminers.

Johnson & Dipoli

Eine echte Institution in Neumarkt, bekannt für einen bestens bestückten Weinkeller, erstklassige Küche und sehr persönlichen Service. Andreas-Hofer-Str. 3, 39044 Neumarkt, www.johnson-dipoli.it

Sie biegen bei Tramin auf die LS/SP 127 Richtung **Auer** ab, queren die Etsch und die Autobahn A22 und gelangen so auf die östliche, die »Dolomiten-Talseite«. Auer liegt nur noch auf einer Meereshöhe von 240 m und ist von üppigen Weingärten und Obstwiesen umgeben. Der Ort gefällt durch historische Ansitze und eine charmante Altstadt mit verwinkelten Gassen. Immer wieder sind auch prächtige Bauernhöfe mit blumengeschmückten Balkonen zu sehen, und auch Palmen gehören hier schon zum Landschaftsbild.

Von Auer fahren sie auf der Brennerstraße, der SS 12, parallel zur Autobahn weiter gen Süden. Südlich von Auer ragt der **Castelfeder** empor. Der malerische Burghügel wird auch als Arkadien Südtirols bezeichnet. Über dem kleinen Weindorf **Montan** thront gut sichtbar **Schloss Enn**. Nach etwa 5 km erreichen Sie das romantische **Neumarkt** an der Etsch, eine der größten Gemeinden im Südtiroler Süden und der Hauptort im Unterland. Ein echter Hingucker ist die Burgruine **Kaldiff**, die sich über dem Ort erhebt. Die Altstadt ist hübsch restauriert, mit stattlichen Bürgerhäusern und Laubengängen an der alten Hauptstraße. Die Vinotheken und Wirtshäuser in der Dorfgasse sind stets gut besucht und laden zu einem Schoppen Südtiroler Wein ein. Auch das ungewöhnliche Museum für Alltagskultur kann man bei dieser Gelegenheit besuchen.

Schlosskellerei Turmhof

Der Besuch lohnt nicht nur wegen der hervorragenden Weine und der Jause, sondern auch wegen des fantasievoll gestalteten Schlossparks. Schlossweg 4, 39040 Kurtatsch, www.tiefenbrunner.com

*Zwischen Neumarkt und Auer ragt der **Castelfeder** als 405 m hoher Hügel aus der Landschaft.*

Weitere Details in der ADAC Trips App

SONNENVERWÖHNTER STEILHANG

Von Neumarkt wechseln Sie wieder die Seite, über die Etsch geht es hinüber nach **Kurtatsch**, zurück zur »richtigen« Weinstraße. Der Wechsel von der östlichen auf die westliche Seite bietet keine besonderen Attraktionen, ein notwendiger Transfer, der aber auch nur zehn Minuten dauert.

Kurtatsch ragt regelrecht aus dem grünen Rebenmeer heraus und ist von feudalen Ansitzen mit historischen Kellern und 22 Weinhöfen umringt. Aber, im Unterschied zu manch anderem Ort an der Weinstraße, dominieren in Kurtatsch steile, der Sonne zugewandte Weinberge das Bild – schließlich liegt das Weinbaudorf in schönster Hanglage über dem Etschtal. Es sollen die besten Weinlagen Südtirols sein.

Ausgedehnte Weinhänge schmiegen sich rund um das Dorf Tramin in die hügelige Landschaft.

3

ETAPPE 3

Von Kurtatsch nach Trient

35 km ca. ¾ Std.

Auch auf den wenigen Kilometern von Kurtatsch nach Margreid lässt es sich ganz entspannt durch die mediterran anmutende Weinlandschaft cruisen. Das Weindorf **Margreid** grüßt schon von Weitem von einem Murkegel und wird von den steil aufragenden Kalkfelsen des Fennbergs beherrscht. Das Dorf selbst zeigt sich als ein weiteres wahres Schmuckstück in Südtirols Süden mit verwinkelten Gassen und freskengeschmückten Fassaden. In der Grafengasse, gleich neben dem Ansitz Löwengang des bekannten Winzers Alois Lageder, einem Pionier des bio-dynamischen Weinbaus, wächst die wohl älteste Rebe Südtirols. Sie wurde bereits 1601 gepflanzt und trägt immer noch Trauben. Lageders komplexe Weinwelt und seine ganzheitliche Unternehmensphilosophie kann man im Paradeis am St.-Gertraud-Platz erleben.

In Margreid rankt die jahrhundertalte »Margreider Urrebe« an einer Hauswand.

Bauten aus vergangenen Jahrhunderten bestimmen das Ortsbild von Margreid.

Es ist Weinverkostungszentrum, Weinshop und hervorragendes Restaurant. Besonders schön ist es im Sommer im Innenhof, in dem Zitronen, Jasmin und Granatäpfel wachsen. Und Margreid weist neben der ältesten Rebe auch noch einen weiteren Superlativ auf. Der Ort besitzt in Unterfennberg auf rund 1000 m Meereshöhe den höchstgelegenen Müller-Thurgau-Weinberg Südtirols.

LEBEN FÜR DIE REBEN

Auch die letzten Kilometer bis nach Salurn werden noch von Weinbergen und Obstgärten bestimmt. Unterwegs passieren Sie mit **Kurtinig** die kleinste Gemeinde an der Weinstraße. Der Ort, der auf einem vom Fluss Etsch hinterlassenen Schuttkegel erbaut wurde, gilt als das Dorf der Hausreben. Das sind Reben, die traditionell zu besonderen Ereignissen wie Hochzeit oder Geburt direkt am Haus gepflanzt werden und so das hübsche Dorfbild bestimmen. **Salurn** ist die südlichsten Gemeinde Südtirols. Nur einen Steinwurf entfernt liegen die Salurner Klause und die Grenze zum Trentino. Hier vermischen sich die deutsche und italienische Kultur. Das zeigt sich etwa auch im Baustil mit zahlreichen stattlichen Gebäuden im Stil der Renaissance und des Barock. Das Ortsbild prägen auch herrschaftliche Ansitze und zahlreiche Torbögen. Überragt werden sie von der hoch auf einem Kalksteinfelsen thronenden Ruine der **Haderburg**. Weinmäßig ist der letzte Ort an der Weinstraße gut aufgestellt – er gilt als größtes Weißweinanbaugebiet der Provinz.

Man fragt sich schon manchmal, wie Bauten wie hier die Haderburg in dieser Lage errichtet werden konnten.

WILLKOMMEN IM TRENTINO

Sie verlassen Salurn und Südtirol auf der nun schon bekannten SS 12 Richtung Süden. Kurz bevor die Grenze zum Trentino überquert wird, sendet linker Hand die Haderburg noch einen letzten Südtiroler Gruß. Die SS 12 schlängelt sich parallel zur Autobahn – eine allerdings kaum schnellere Alternative zur Staatsstraße – nach Trient. Fahrzeit gerade einmal eine gute halbe Stunde, oftmals aber auch mit dichtem Verkehr.

Auch im **Trentino** bestimmen links und rechts der Staatsstraße Weinberge das Bild. Häufig ist hier noch das alte Reberziehungssystem zu sehen, bei dem sich die Reben an laubenartigen Holzgestellen ranken. Das Ergebnis ist normalerweise ein hoher Ertrag bei einer minderen Qualität. Insgesamt ist hier im Haupttal, das auf beiden Seiten von hohen Bergen begrenzt wird, die Szenerie stärker durch Besiedlung und Gewerbe geprägt, das Landschaftsbild nicht so malerisch wie an der Weinstraße. So

Die Piazza Duomo ist das lebendige Zentrum Trients.

passiert man bei der Einfahrt nach **Trient**, der Hauptstadt der Autonomen Provinz Trentino, Niederlassungen von bekannten Bau- und Elektromärkten. Die vom Hochgebirge umgebene Stadt lohnt aber in jedem Fall den Besuch. Trient, italienisch Trento, trägt mehrere Zweitnamen wie »Alpine Kunststadt«, »Renaissancestadt« oder »Stadt der Malereien«, die ihre Bedeutung unterstreichen – sie alle treffen zu. Man muss kein Kunsthistoriker sein, um bei einem Spaziergang durch das Netz aus Gassen, Straßen und Plätzen den Reichtum Trients zu erkennen – Mittelalter, Renaissance und Barock sind bis heute lebendig. Selbstredend wurde die Altstadt vorbildlich restauriert. Ein Bummel durch die Stadt ist wie ein Gang durch die Geschichte. Besonders sehenswert sind etwa die Freskenmalereien an den prächtigen Palazzi wie dem Palazzo Thun in der Via Belenzani, die vom Domplatz mit dem Neptunbrunnen abgeht. Um die Ecke steht der Palazzo Galasso, auch »Teufelspalast« genannt, weil er nach einer Wette mit dem Teufel in einer Nacht erbaut worden sein soll. Trento ist zudem reich an Museen, darunter ein kunsthistorisches Museum im Castello del Buonconsiglio, aber auch Einrichtungen für moderne Kunst wie die Galleria Civica, die ihren Fokus auf Kunst und Architektur des 19. und 20. Jahrhunderts legt. Ein weiteres Highlight ist das MUSE, das Museum der Wissenschaft, in einem modernen Bau von Renzo Piano südwestlich des Stadtzentrums nahe der Etsch und mit schöner Besucherterrasse.

Osteria il Cappello

Hübsches Restaurant in der Altstadt mit aromenstarker, saisonaler Küche, traditionell italienisch, aber modern umgesetzt.
Piazetta Bruno Lunelli 5, 38122 Trient,
www.osteriailcappello.it

Das imposante ***Castello del Buonconsiglio*** *im Nordosten der Altstadt von Trient ist der größte Profanbau der Stadt.*

Weitere Details in der ADAC Trips App

Schöner kann eine Straße fast nicht zum Fahren auffordern. Auf dieser hier geht es hinauf auf den Mendelpass.

Unterwegs in Südtirol

Praktische Tipps für Ihre Reise

Südtirol ist eine vielseitige und faszinierende Region, die dazu einlädt, mit dem Auto entdeckt zu werden, zumal die Straßen gut ausgebaut und ausgeschildert sind. Selbst die kurvenreichen, landschaftlich einmaligen Passstraßen stellen keine allzu hohen Anforderungen – aber natürlich ist besonders im Winter immer erhöhte Vorsicht geboten. Die Entfernungen sind überschaubar und es gibt reichlich Gelegenheit, immer wieder einmal zwischendurch anzuhalten. Und auch die Versorgung ist gesichert. Bodenständige Wirtshäuser laden an der Strecke zum Lunch oder einer deftigen Jause ein, sodass dem Fahrspaß in Südtirol nichts mehr im Wege steht.

Seite 32

Der Brenner gestern und heute: unten links die alte Passstraße, rechts die neuere Brennerautobahn.

EINREISE UND ANFAHRT

Für die Einreise nach Italien benötigt man einen gültigen Personalausweis oder Reisepass, Kinder unter 12 Jahren einen Kinderreisepass. Grenzkontrollen gibt es in der Regel nicht mehr.

AUTO

Von Norden führt die schnellste Verbindung nach Südtirol über die Brennerautobahn A 22 (mautpflichtig; bar oder per Karte an den Mautstationen) ins Eisacktal. Von Osten kommt man über Lienz ins Pustertal, von Westen über den Reschenpass nach Meran.
Apropos Maut: Bequem ist die Bezahlung mit der VIAcard, die es in Deutschland beim ADAC, in Italien bei den Zahlstellen, den Punto Blu-Informationszentren an den Autobahnen und bei Autogrills gibt.
Nicht vergessen: Führerschein, Fahrzeugschein und grüne Versicherungskarte. Letztere gilt als Nachweis, dass Sie für Ihr Fahrzeug eine Kfz-Haftpflichtversicherung besitzen. Sie muss bei Unfällen, aber auch gelegentlich bei Verkehrskontrollen vorgelegt werden.

BAHN UND BUS

Mit der Bahn geht es schnell, komfortabel, ohne Staus und klimafreundlich nach Südtirol. Ab München gibt es täglich fünf direkte Verbindungen nach Bozen, dazu zahlreiche einfache Umsteigeverbindungen von allen größeren Bahnhöfen Deutschlands. Die ÖBB bieten täglich eine Direktverbindung von Wien via Salzburg nach Bozen, 13 weitere Verbindungen gibt es nach Innsbruck, wo man umsteigen muss.
In Südtirol können Reisende mit dem Anschlussticket Südtirol die öffentlichen Verkehrsmittel nutzen, um am Anreisetag in ihre Unterkunft bzw. am Rückreisetag zum Bahnhof zu kommen.
Autozüge verkehren von Düsseldorf und Hamburg nach Innsbruck.
In Südtirol hält Flixbus in Bozen, Brixen, Klausen, Sterzing sowie in Meran, Lana und Marling. Der Fernbus bietet ganzjährig Busverbindungen aus allen europäischen Ländern. Über die Verkehrsknotenpunkte München und Innsbruck fährt Flixbus mehrmals täglich Richtung Südtirol.

FLUGZEUG

Die nächstgelegenen Flughäfen sind Bozen und Verona. Aber auch Innsbruck, München, Venedig und Bergamo liegen noch im etwas weiteren Einzugsgebiet. Derzeit bietet etwa die Fluggesellschaft SkyAlps Flüge von Berlin, Düsseldorf und Hamburg nach Bozen an und fliegt von Mai bis Oktober auch ab Kassel.
Südtirol Bus bietet mehrmals täglich einen Shuttle von den Flughäfen Innsbruck, München, Verona und Bergamo.

MIETWAGEN

An den Flughäfen, aber auch in den Städten wie Bozen oder Meran, sind zahlreiche Autovermietungen präsent. Vor allem während der Saison ist eine frühzeitige Reservierung unerlässlich. Bei den Versicherungen sollte man nicht am falschen Ende sparen und

Einfach aus dem Fenster gucken und die Landschaft vorüberziehen lassen – das geht ganz entspannt bei der Anreise mit der Bahn.

Passstraßen wie die zum Sellajoch bieten immer wieder überwältigende Panoramen.

eine Vollkasko ohne Selbstbeteiligung wählen. Beim Vergleich der Angebote unbedingt auf die inkludierten Leistungen achten, also zweiter Fahrer, unbegrenzte Kilometer, evtl. Kaution, Reifen- und Glasschäden etc. Benötigt werden für die Anmietung ein Führerschein mit Eurosymbol, Personalausweis und häufig auch eine Kreditkarte.

MIT DEM AUTO UNTERWEGS

STRASSEN

Bis Anfang des 20. Jahrhunderts waren viele Gegenden Südtirols nur schwer erreichbar und man musste große Umwege in Kauf nehmen, um etwa von einem Tal in das andere zu gelangen. Erst nach und nach wurden die wichtigen Passstraßen fertiggestellt, das Sellajoch etwa 1934 und das Timmelsjoch wurde sogar erst 1959 eröffnet. Heute durchzieht ein gut ausgebautes Straßennetz Südtirol. Die Strecken sind fast alle in gutem Zustand und das Fahren ist unkompliziert und sicher. Viele kleinere Straßen weisen allerdings deutliche Schäden auf (Schlaglöcher und abgesackte Fahrbahnteile). Wie in ganz Italien gibt es folgende Straßenkategorien:

Autostrada (Autobahn): Mit grüner Beschilderung gekennzeichnet sind die Autobahnen die schnellsten Verbindungen von A nach B. Die einzige Autobahn

Südtirols ist die gebührenpflichtige A 22, die Brennerautobahn, die von Innsbruck im Norden nach Modena im Süden führt. Es gilt ein Tempolimit von 130 km/h. Daran sollte man sich auch halten, nicht nur, weil die Polizei saftige Strafe bereithält. Auch der Straßenbelag und die Straßenführung lassen höhere Geschwindigkeiten nicht zu.

Strada statale (Abkürzung SS plus Nummer), blau ausgeschildert: Die Staatsstraßen sind in etwa vergleichbar mit unseren Bundesstraßen. Sie führen meist durch die Orte, häufig auch mitten durch die Ortskerne. Das macht sie für Reisende zu sehr interessanten und landschaftlich reizvollen Routen. Die Beschaffenheit der SS ist regional sehr unterschiedlich, manche Abschnitte sind vierspurig ausgebaut, andere präsentieren sich als schmale Bergstraßen. Manche Ortsdurchfahrten erweisen sich als stauträchtige Nadelöhre.
Jede SS hat eine Nummer, an der sie identifiziert werden kann (Schilder am Straßenrand nennen Nummer und Kilometerzählung). Diese Nummern finden sich auch in Google Maps und sind für die Navigation sehr hilfreich. Höchstgeschwindigkeit ist normalerweise 90 km/h. Innerhalb von Ortschaften gilt Tempo 50 km/h. Angeraten ist stets ruhiges und rücksichtsvolles Fahren. Die SS führen mitunter durch unübersichtliches Gelände, Kurven oder Kuppen erschweren die Übersicht. Lassen Sie sich Zeit und verzichten Sie auf riskante Überholmanöver.

Strada provinciale (Abkürzung SP plus Nummer), blaue Ausschilderung: Provincias sind Landkreise, es handelt sich bei der SP also um eine kommunale Straße. Was die Beschaffenheit angeht, kann eine blau ausgeschilderten SP der SS ähneln, manchmal ist es aber auch nur ein asphaltierter Feldweg. Der Belag ist oft dem Alter entsprechend abgenutzt. Auf der SP ist besonnenes Fahren mit reduzierter Geschwindigkeit angesagt. Auch bei den SP ermöglichen die Nummern eine gute Navigation. Die zulässige Höchstgeschwindigkeit liegt bei 90 km/h. Häufig empfiehlt sich allerdings ein geringeres Tempo.

Der ADAC hat die ***Verkehrsregeln für Italien*** *in deutscher Sprache zusammengefasst.*

Wohin soll es gehen? Auch in Südtirol weisen Schilder den richtigen Weg.

In vielen Windungen schlängelt sich die Passstraße zum Grödner Joch durch die alpine Dolomitenlandschaft.

Umgehungsstraßen: Größere Städte oder auch manche Orte werden mit Umgehungsstraßen entlastet, die im Italienischen als *tangenziale* oder auch als *circonvallazione* bezeichnet werden. Letztere Bezeichnung wird auch für die Beschilderung verwendet.

FAHRWEISE UND REGELN

Die Verkehrsregeln in Italien und somit auch in Südtirol unterscheiden sich nicht wesentlich von jenen in Deutschland, Österreich und der Schweiz. Der vielleicht größte Unterschied liegt in der **flexiblen Auslegung** des Regelwerks. Sturheit ist im italienischen Straßenverkehr kein guter Berater. Lassen Sie sich vom Verkehrsfluss leiten, achten Sie auf die anderen Fahrer und bewahren Sie Ruhe, wenn es zu problematischen Situationen kommt.
Außerhalb von Ortschaften schreibt ein Gesetz das Einschalten des **Abblendlichts** auch tagsüber vor.
Grundsätzlich sollten Sie keinen **Alkohol** konsumieren, wenn Sie Auto fahren möchten. Die Promillegrenze liegt in Italien bei 0,5. Überschreitungen schlagen mit 500 bis über 3000 € zu Buche.
Wer in Italien unterwegs ist, muss im Auto eine **Warnweste** *(giubotto di avvertimento)*, ein **Warndreieck** *(triangolo di segnalazione)* und ein **Erste-Hilfe-Set** *(cassetta di pronto soccorso)* dabeihaben. Beim Mietwagen am besten prüfen, ob alles vollständig dabei ist.
Der **Fahrzeugschein** ist bei italienischen Autos in einem kleinen Plastiktäschchen an der Windschutzscheibe zu finden. Sind Sie mit dem eigenen Auto unterwegs, sollten Sie ihn stets mit sich führen.

Tempolimits in Italien	
Autobahn (Autostrada)	max. 130 km/h
Strada statale	max. 90 km/h
Strada provinciale	max. 90 km/h
Ortschaft	max. 50 km/h

WITTERUNGSVERHÄLTNISSE

Zumeist sind die Witterungsverhältnisse in Südtirol für den Autofahrer unproblematisch. Erhöhte Aufmerksamkeit – und reduzierte Geschwindigkeit – ist allerdings bei Regenfällen angesagt. Der italienische Asphalt ist zum Teil glatter als der, den man von zu Hause gewöhnt ist. Bei Regen führt das zu einer erhöhten Aquaplaning-Gefahr. Rutschig kann es auch im Winter werden, wenn in den Bergen Südtirols Schnee liegt. Zwischen November und Anfang März sind **Winterreifen** oder **Ganzjahresreifen** praktisch Pflicht. Sind Bergtouren geplant, sollte man sich vorher nach den Witterungsverhältnissen erkundigen.
Grundsätzlich herrscht in Südtirol das ganze Jahr über eine sogenannte **Winterausrüstungspflicht**. Diese gilt für alle Fahrzeuge. Winterausrüstungspflicht bedeutet, dass Fahrzeuge bei winterlichen Verhältnissen wie Schnee oder Matsch nur mit Winterreifen oder mit montierten Schneeketten gefahren werden dürfen. Da man auch im Sommer, zumindest auf höher gelegenen Passstraßen, mit einem plötzlichen Wintereinbruch rechnen

Wer im Winter auf Passstraßen unterwegs ist, sollte auf Rutschpartien gefasst sein.

muss, ist man auf der sicheren Seite, wenn man Schneeketten immer im Auto mit dabei hat.
Für die Brennerautobahn gilt dagegen für den Abschnitt Brenner – Affi und die Stadtgemeinde Bozen Folgendes: Dieser Streckabschnitt darf vom 15. November bis 15. April nur mit Winterausrüstung (im Regelfall reichen natürlich normale Winterreifen) befahren werden – egal, ob winterliche Verhältnisse herrschen oder nicht. Zusätzlich gilt in Bozen bei winterlichen Verhältnissen ein Fahrverbot für alle Motorräder.

PARKEN

Parkbuchten und -plätze sind mit verschiedenfarbigen Markierungen auf dem Straßenasphalt oder -pflaster gekennzeichnet:

- Weiß: Parken erlaubt
- Blau: Privatparkplatz oder zahlungspflichtiger Parkplatz
- Gelb: Reservierte Parkplätze, Parken nicht erlaubt
- »Zona rimozione«: Findet sich irgendwo das Abschlepp-Piktogramm *(rimozione forzata)*, ist dieses unbedingt ernstzunehmen.

KARTEN UND NAVIGATION

Das Navigieren mit den einschlägigen Navigationssystemen funktioniert in Südtirol gut. Die fett gedruckten Ortsnamen in diesem Band sind auch die geeigneten Eingaben für ihr Navigationsgerät. Aber nach Karte und Straßennummer zu fahren, ist kein Problem. Vielerorts ist auch die zweisprachige Ausschilderung gut.

Blick von der 2320 Meter hoch gelegenen Auronzo-Hütte auf den Misurinasee und die Sextener Dolomiten

Viele schöne Strecken wie hier auf den Kreuzbergpass sind auch mit dem Van befahrbar.

Braune Schilder verweisen auf Kultur- oder Naturdenkmäler sowie innerorts auch auf Restaurants, Betriebe und Ähnliches.

TANKEN

Südtirol verfügt über ein sehr gutes und dichtes Tankstellennetz. Getankt werden *Senza Piombo* (SP – bleifreies Benzin) 95 oder 98, manchmal mit E5 oder E10 (Biokraftstoffen). Außerdem steht natürlich Diesel *(gasolio)* zur Verfügung. Billiger als in Deutschland ist Benzin in Südtirol leider nicht.

E-MOBILITÄT

Eine gewisse Infrastruktur ist vorhanden, sie ist in Südtirol aber weniger ausgebaut als in Deutschland, Österreich oder der Schweiz, wächst jedoch zusehends. Wer ein festes Feriendomizil hat, wo das Fahrzeug jeden Abend aufgeladen werden kann, ist gut gerüstet. Denn man kann so Geld sparen und der Umwelt etwas Gutes tun. Für Tagestouren reicht die übliche Reichweite meist aus. Aber Vorsicht: Auf Bergstraßen wird deutlich mehr Energie verbraucht.
Wer mit dem E-Auto eine Rundfahrt unternehmen möchte, muss sorgsam planen. Die Ladeversorgung ist oft zeitintensiv und zwingt zu Umwegen oder langweiligen Aufenthalten auf Parkplätzen. **Ladesäulen** befinden sich selten dort, wo man gerne verweilt, sondern an Ortsrändern, etwa an einem Supermarkt oder Einkaufszentrum.

Eine Tesla-Supercharger-Station gibt es auf den beschriebenen Touren bisher lediglich in Trient. Allerdings ist Südtirol in der Fläche schon ganz gut mit öffentlich zugänglichen Ladesäulen (knapp 500) bestückt. Informationen und eine interaktive Karte findet man z. B. unter www.greenmobility.bz.it/green-mobility/ladesaeulen.

Häufig vorkommende Schilder	
divieto di accesso	Zufahrt verboten
lavori in corso	Bauarbeiten
parcheggio	Parkplatz
rallentare	langsam fahren
senso unico	Einbahnstraße
strada senza uscita	Sackgasse
zona pedonale	Fußgängerzone
deviazione	Umleitung
tutti le direzioni	alle Richtungen
bloccato/strada chiusa	gesperrt

VAN UND WOHNMOBIL

Die in diesem Buch vorgeschlagenen Touren sind für Pkw (oder Motorrad) konzipiert. Gerade auf den schönen und landschaftlich lohnenden Straßen begegnen einem immer wieder niedrige Brückendurchfahrten und Gewichtsbeschränkungen bei Brücken. Sie führen durch Ortschaften, in denen Wohnmobile Schwierigkeiten bekommen könnten. Niedrige Unterführungen können auch für Vans zum Problem werden. Manche Straßen sind sehr schmal. Bullis dürften ohne Einschränkungen gut vorankommen. Für Wohnmobile sind manche Straßen aber explizit gesperrt.

UNFALL UND PANNE

Wer mit dem Mietwagen unterwegs ist, ruft bei allen Problemen zunächst den Autovermieter an. Bei schwereren Unfällen, besonders mit Personenschäden, ist die Polizei und die *ambulanza* (Rettungswagen) zu verständigen.
Der Nummer **112** ist der einheitliche Notruf. Der Anruf geht an eine Einsatzzentrale der Polizei, die entscheidet, wer tatsächlich kommt.
Da Autovermieter und Versicherungen eine ordnungsgemäße Aufnahme des Unfalls vorschreiben, ist auch bei Unfällen mit Bagatellschäden immer die Identität und die Versicherungsnummer des Unfallbeteiligten festzustellen und die Polizei zu rufen. Der ADAC stellt auf seiner Website Muster für einen Unfallbericht in verschiedenen Sprachen zur Verfügung. Wer mit dem eigenen Wagen unterwegs ist, sollte sich beim ADAC über einen entsprechenden Auslandsschutz informieren.

PRAKTISCHES FÜR DEN REISEALLTAG

EINKAUFEN

Wochen- und Bauernmärkte gibt es regelmäßig und in der ganzen Region. Viele Südtiroler Spezialitäten wie Speck, Kaminwurz, Almkäse und Wein kann man gut direkt ab Hof kaufen. Wer auf der Suche nach schönen Non-Food-Souvenirs ist, wird bei der Südtiroler Handwerkskunst – eine gute Adresse sind die Südtiroler Werkstätten in Bozen – etwa bei Schnitzereien oder

CAMPSTER

Auf alle Aktivitäten vorbereitet: Wer das Fahrrad mitnimmt, kann überall in Südtirol schöne Touren unternehmen.

hochwertigen Textilwaren wie Loden fündig. Südtirols Shoppingmeile Nummer eins sind die Lauben in Bozen, wo alle großen Marken präsent sind und es von Feinkost bis Italo-Design eine schöne Auswahl an Läden gibt.

FEIERTAGE

1. Jan. (Neujahr), 6. Jan. (Dreikönigstag), Ostermontag, 25. April (Tag der Befreiung), 1. Mai (Tag der Arbeit), Pfingstmontag, 2. Juni (Tag der Republik), 15. Aug. (Maria Himmelfahrt), 1. Nov. (Allerheiligen), 8. Dez. (Maria Empfängnis), 25./26. Dez. (Weihnachten)

GELD UND KREDITKARTEN

In Italien gilt der Euro. Bargeld erhält man mit EC- oder Kreditkarte rund um die Uhr an zahlreichen Bankomaten (es können Gebühren anfallen) im ganzen Land. Auch in der Gastronomie und in Geschäften werden in der Regel alle gängigen Kreditkarten akzeptiert – überprüfen Sie vor dem Urlaub Ihr Kartenlimit. Auch mit dem Smartphone kann man vielerorts bereits bezahlen.

GESUNDHEIT

Die medizinische Versorgung in Südtirol ist sehr gut. Bei einem Notfall wenden Sie sich am besten an das nächste Krankenhaus. Im Krankheitsfall reicht die Europäische Krankenversicherungskarte – in der Regel auf der Rückseite Ihrer deutschen Gesundheitskarte –, die man vor Ort beim Arzt oder im Krankenhaus vorlegt. Da nicht immer unbedingt alle Kosten von den Kassen zurückerstattet werden, empfiehlt sich zusätzlich der Abschluss einer privaten Auslandskrankenversicherung inklusive Rücktransport nach Deutschland im Notfall. Teilweise sind diese auch schon in Kreditkartenleistungen enthalten und generell recht günstig. Auch der ADAC bietet entsprechende Versicherungen an.

Apotheken sind normalerweise Mo–Fr 8–12 und 15–19 Uhr geöffnet; Nacht- und Wochenenddienste findet man auf folgender Webseite: www.provinz.bz.it/gesundheit-leben/gesundheit/turnusapotheken.asp.

In Bezug auf COVID-19 gelten auch in Italien derzeit keine besonderen Regeln und Einschränkungen mehr.

HAUSTIERE

Hunde und Katzen benötigen einen Europäischen Heimtierausweis (Pet Pass), gültig nur mit gleichzeitiger Identifikation des Tieres durch Mikrochip. Das Tollwut-Impfzeugnis muss mindestens 20 Tage und darf maximal elf Monate alt sein. Für Hunde sind in Zügen Leine und Maulkorb Pflicht.

NOTRUF

Polizei, Rettung, Feuerwehr: Tel. 112

ÖFFENTLICHE VERKEHRSMITTEL

Mit den öffentlichen Verkehrsmitteln sind alle Ortschaften und Sehenswürdigkeiten in Südtirol relativ schnell und bequem erreichbar. Vor Ort empfiehlt sich dabei der Erwerb einer **Mobilcard Südtirol**. Mit der Mobilcard können Sie alle öffentlichen Verkehrsmittel innerhalb Südtirols, einschließlich Regional-

Wer sich zwischendurch fahren lassen will, kann auf öffentliche Busse umsteigen.

und Regionalexpresszüge bis Trient beliebig oft benutzen. Die Mobilcard gibt es für 1 Tag sowie für 3 oder 7 aufeinanderfolgende Tage. Erhältlich ist sie u. a. in den Tourismusbüros sowie an Fahrscheinautomaten und -schaltern an den Bahnhöfen.

ÖFFNUNGSZEITEN

Banken sind von Mo–Fr 8.30–13 und teilweise 14.30–16 Uhr geöffnet. Geschäfte bestimmen in Italien weitgehend selber über ihre Öffnungszeiten, in der Regel Mo–Fr 8.30–13 und 15–19.30 Uhr, Sa bis 13 oder 14 Uhr, größere Geschäfte und Einkaufszentren auch durchgehend und teilweise bis 22 Uhr. Lebensmittelgeschäfte sind meist schon ab 8 Uhr offen.

Auch die Öffnungszeiten der Postämter sind unterschiedlich. Als Kernzeit kann etwa 8 bis 13 Uhr gelten. Für Museen gibt es ebenfalls keine einheitliche Regelung.

RESTAURANTS

Südtirol besitzt eine überaus abwechslungsreiche und bestens aufgestellte Gastronomie-Landschaft. Das Angebot reicht von der bewirtschafteten Alm- und Skihütte – Tipp: Club Moritzino auf dem Piz la Villa – über traditionelle Wirtshäuser und Casual-Dining-Lokale bis zum Gourmet-Restaurant. Derzeit gibt es in Südtirol 17 Sterne-Restaurants mit insgesamt 26 Michelin-Sternen. Neu dabei sind die Luisl Stube im Schlosswirt Forst in Algund und das Restaurant

Suinsom im Hotel Tyrol in Wolkenstein. Nach einem Jahr Pause ist auch das Restaurant Stüa de Michil im Hotel La Perla in Corvara wieder zurückgekehrt. Besonders in Bozen, aber auch in Meran und Bruneck, gibt es eine sehr lebendige Gastroszene. Dabei wird allgemein sehr viel Wert auf regionale Produkte und einheimische Gerichte gelegt. Vor allem mit Pizzerien – gibt es praktisch in jedem Ort – ist auch die typische italienische Gastronomie vertreten. Eine besondere Form der Südtiroler Gastronomie sind die Buschenschänken, Pop-up-Lokale auf Bauernhöfen und Weingütern, wo während der Saison der neue Wein und deftige Südtiroler Spezialitäten serviert werden.
Ein Großteil der Restaurants hat nicht durchgehend geöffnet, sondern schließt gegen 14 oder 14.30 Uhr, um dann zwischen 17 und 18 Uhr wieder zu öffnen. Auch gibt es häufig einen oder zwei Ruhetage.

SICHERHEIT

Südtirol kann man allgemein als ein sehr sicheres Reiseziel bezeichnen. Dennoch gilt es auch hier einige übliche Vorsichtsmaßnahmen zu beachten. So sollte man etwa keine Taschen, Kameras und ähnliche Wertgegenstände offen im Auto – auch der Kofferraum ist kein sicherer Aufbewahrungsort – oder auf dem Tisch liegen lassen. Nehmen Sie am besten auch immer nur das mit, was Sie für einen Tag brauchen. Generell empfiehlt es sich, Dokumente und Wertgegenstände im Hotelsafe zu deponieren.

SPORT UND WANDERN

Südtirol ist eine Urlaubsregion, die zu jeder Jahreszeit etliche Möglichkeiten für sportliche Aktivitäten bereithält. Im Winter stehen vor allem Ski Alpin – mit dem einzigartigen Skigebiets-Zusammenschluss Superski Dolomiti –, Skilanglauf, Rodeln, Eislaufen und Schneeschuhwandern im Fokus. Im Sommer ist die Auswahl sogar noch vielfältiger. Es gibt auf verschiedenen Seen die Möglichkeit für Wassersport; landschaftlich schön gelegene

Golfplätze sind auch für Gastspieler zugänglich. Fahrradfahren, ob mit E-Bike, Mountainbike oder Rennrad, ist sehr beliebt, und auch Pferdefreunde kommen auf ihre Kosten. Und natürlich ist die Region ein Eldorado für Kletterer und Bergsteiger. Selbst Rafting und Paragliding sind möglich.
Vor allem ist Südtirol jedoch ideal zum **Wandern**. Die Dolomiten bieten mit ihrem dichten Wanderwegenetz von rund 18 000 km unbegrenzte Möglichkeiten. Ein Klassiker ist der zum Europäischen Fernwanderweg gehörende Meraner Höhenweg, der durch den Naturpark Texelgruppe führt. Er ist 80 km lang und als 4- bis 6-tägige Tour angelegt (begehbar Ende Juni–Okt., je nach Schneelage).
Einmalig sind die Waalwege. Es gibt heute noch 35 dieser Wege im Vinschgau (2- bis 3-stündige Touren) entlang der alten Bewässerungskanäle. Einer der schönsten ist der Weg, der von Tschars zu Reinhold Messners Schloss Juval führt.

Einkehr auf einer Hütte zu einer Jause mit Südtiroler Speck und vielleicht einem Glas Wein

Wenn im Alta Badia die Almwiesen blühen, heißt es Wanderstiefel schnüren und hinaus in die Landschaft.

Bei den örtlichen Tourismusvereinen sind Wanderwegbeschreibungen und -karten erhältlich.
Infos zu Wanderwegenetz, Schutzhütten, Öffnungszeiten und allgemeine Bergverhältnisse: www.alpenverein.it.

TELEFON UND INTERNET
Roaming ist heutzutage mit den gängigen Mobilfunkverträgen kein Problem mehr. Die Netzabdeckung ist in Südtirol sehr gut und auch WLAN ist zumeist auch in öffentlichen Gebäuden, Geschäften und Restaurants verfügbar. Bezahlen mit Smartphone, Tickets buchen über eine App etc. gehören zum Standard.

THEATER UND KONZERTE
Das ganze Jahr über gibt es in Südtirol eine Vielzahl von großen und kleinen Veranstaltungen, Events, Festspielen, Festivals, Weinfesten und Konzerten. Einige finden nur einmalig statt, andere regelmäßig jedes Jahr wieder und ungefähr zum gleichen Termin, darunter die Meraner Musikwochen oder die Kastelruther Berghochzeit. Einen ausführlichen Veranstaltungskalender finden Sie im Internet unter www.suedtirol.info in der Kategorie »Erleben«.
Bekannte Veranstaltungsorte sind etwa das Kurhaus und das Stadttheater in Meran, prächtige Jugendstilhäuser, in denen weltbekannte Künstler auftreten. Ein umfangreiches Angebot offerieren auch die Vereinigten Bühnen Bozen. Außerdem gibt es das italienischsprachige Teatro Stabile di Bolzano. Und auch die Stadttheater in Sterzing und Bruneck haben einen guten Ruf. Zudem gibt es im Sommer Darbietungen auf etlichen Freilichtbühnen.

TRINKGELD
In Restaurants sind zwischen fünf und zehn Prozent des Rechnungsbetrags üblich oder man rundet mehr oder weniger großzügig auf, bei Taxifahrten in etwas das Gleiche. Im Hotel gibt man dem Zimmerservice für eine Woche bei Zufriedenheit ab 10 €.

UNTERKUNFT UND HOTELS
Je nach persönlichen Vorlieben und Budget stehen Gästen für ihren Aufenthalt in Südtirol zahllose Möglichkeiten offen: Campingplätze, Privatzimmer, Bauernhöfe, Apartments, Ferienhäuser, Garnis, Gasthäuser, Hütten, Pensionen, Hotels und Luxushotels. Dabei hat sich die Südtiroler Hotellerie sehr stark spezialisiert und häufig haben sich Hotels zu Hotelvereinigungen zusammengeschlossen. So gibt es etwa Familienhotels, Wanderhotels, Bikehotels, Wellnesshotels, Genießerhotels, Romantikhotels, Schlosshotels und Weinhotels. Auch die Buchung von Unterkünften über Plattformen wie Airbnb ist möglich. Eng wird es in den Urlaubsgebieten vor allem im August und über Weihnachten, wenn auch die Italiener Urlaub machen.
Seit 2014 müssen Gäste je nach Unterkunft pro Übernachtung zwischen 70 Cent und 1,30 € Bettensteuer bezahlen.

UMGANGSFORMEN
Man kann in Südtirol nicht allzu viel falsch machen, außer beispielsweise

Der Sommer ist auch in Südtirol die Zeit der Veranstaltungen unter freiem Himmel.

einen Fremden mit einem freundlichen »Ciao« zu begrüßen. Das klingt cool, macht man aber nur unter Freunden. Außerdem ist es unüblich, nach dem Essen einen Cappuccino zu bestellen – der gehört eher zum Frühstück –oder die Spaghetti mit einem Löffel zu essen. Bitte auch nicht Südtiroler als Italiener, Deutsche oder Österreicher titulieren – grobes Foul. Die Ladiner hingegen kann man auch als Ladiner bezeichnen. Und bitte nicht vor jeder Kurve hupen, nur weil man das in alten deutschen Spielfilmen so gemacht hat.

ZOLLBESTIMMUNGEN

Innerhalb der EU unterliegen die Güter für den persönlichen Gebrauch keinen Beschränkungen und dürfen abgabenfrei eingeführt werden. **Richtmengen** für Privatreisende sind: 800 Zigaretten, 400 Zigarillos, 200 Zigarren, 1 kg Rauchtabak, 10 l Spirituosen (Grappa, andere Weinbrände ...), 20 l Zwischenerzeugnisse (Sherry, Portwein ...), 60 l Schaumwein, 110 l Bier, 10 kg Kaffee. Für **Wein** aus EU-Mitgliedstaaten wurde in Deutschland keine Richtmenge festgelegt, für die private Verwendung kann er in unbegrenzter Menge mitgebracht werden.
Außerdem muss bei der Ein- und Ausreise nach und von Italien mehr als 10 000 € Bargeld deklariert werden. Detailliert informiert Sie der Zoll Ihres Heimatlandes über die aktuellen Zollbestimmungen (www.zoll.de, www.bmf.gv.at/zoll, www.zoll.ch).

UNTERWEGS MIT KINDERN

Handy, Tablet & Co. haben keinen Akku mehr oder sind gleich zu Hause geblieben? Alle Hörbücher sind ausgehört? Neben dem Klassiker »Ich sehe was, was Du nicht siehst« sorgen diese Spiele für gute Stimmung auf den Rücksitzen:

FÜR KINDERGARTEN- UND GRUNDSCHULKINDER (MIT ANLEITUNG DURCH ELTERN)

- Ravensburger Tiptoi: Ratespaß auf Reisen - Sachwissen zu den Themen Straßenverkehr und Verkehrssicherheit (Altersempfehlung des Herstellers: 4-8 Jahre). Der Tiptoi-Stift muss separat erworben und sollte vor dem Urlaub komplett aufgeladen werden.

- Schmidt Spiele: Auto-Bingo, Bring-mich-mit-Spiel in der Metalldose (Altersempfehlung des Herstellers: ab 5 Jahre). Kleines, handliches Spiel für 1-3 Spieler, bei dem die Spieler verschiedene Gegenstände am Wegesrand entdecken und auf Kärtchen abhaken müssen.

- Uping: Magnetisches Holzpuzzle und Tafel (Altersempfehlung des Herstellers: ab 3 Jahre). Praktischer, kreativer Begleiter zum Puzzeln und Malen unterwegs, Vorsicht: Viele kleine Einzelteile, eventuell nur die größeren Magnetteile mit in den Urlaub nehmen!

- N. Pratt, E. Bone: Kunterbunte Spiele für lange Reisen: mit abwischbarem Stift. 50 Spielkarten mit Rätseln, Labyrinthen und Knobelaufgaben (Altersempfehlung: ab 6 Jahren, ISBN: 978-1782320296)

- S. Tudhope (Autor), M. Hill, M. Maynard (Illustrationen): Seitenweise Reisespiele: mit heraustrennbaren Seiten. Spieleklassiker wie Schiffe versenken, Tic Tac Toe für unterwegs (Altersempfehlung: ab 7 Jahren, ISBN: 978-1782322900)

- P. Gesierich: KFZ-Kennzeichen - Sticker-Sammelalbum für Ratespaß unterwegs auf Reisen (Altersempfehlung: ab 6 Jahren, ISBN: 978-3961118540)

FÜR JUGENDLICHE UND ERWACHSENE

- Coogam: Tangram-Buch mit 360 magnetischen Puzzle-Teilen. Traditionelles Puzzle aus Asien fürs Handgepäck mit einfachen und komplexeren Mustern zum Nachlegen (auch für Kinder ab 4 Jahren zum Mitspielen geeignet).

- R. Dobelli : Die Kunst des klaren Denkens: Das Kartenspiel, mit dem Sie Denkfehler erkennen und vermeiden (ISBN: 978-3742313287). Originelles und lehrreiches Kartenspiel zum Sachbuch-Bestseller »Die Kunst des klaren Denkens«.

REGISTER

IN SONNIGER PANORAMALAGE – HOTEL CIAMP

Verbringen Sie einen unvergesslichen Urlaub in den Dolomiten, im Zeichen der Entspannung und des Wohlbefindens. Während die warme Jahreszeit Wandergenuss pur verspricht, erreichen Sie in der kalten Jahreszeit bequem das Skigebiet Gröden/Seiser Alm und die Sellaronda. Im familiengeführten Hotel spürt man überall die Südtiroler Gastlichkeit. Helle, landestypisch eingerichtete Zimmer, funktionelle Badezimmer und heimische Materialien sorgen für Wohlbefinden. Alle Zimmer verfügen über Balkon mit einer herrlichen Aussicht auf die Sellagruppe und den Langkofel. Nach einem ereignisreichen Tag folgt ein gemütlicher Ausklang in der Hausbar oder im bequemen Kaminzimmer. Entspannung und Erholung finden Sie im neuen Wellnessbereich. Kulinarische Wellness kommt aus der Küche. Ob würziger Speck, aromatischer Almkäse, Leckeres aus dem Garten oder süße Verführungen – es erwarten Sie Gaumenfreuden von rustikal bis raffiniert, von traditionellen Tiroler Spezialitäten bis zu leichten italienischen Gerichten.

Hotel Ciamp
Valstrasse 5, St. Christina
T +39 0471 79 21 03, info@ciamp.com

BILDNACHWEIS

Titel: Kurvenreiche Straße durch die Dolomiten in Südtirol, Foto: **123RF** (ryzhkovoleksandr)
Rücktitel: Blick auf Meran mit der Pfarrkirche St. Nikolaus, Foto: **stock.adobe.com** (Sonja)
Illustrationen Kartografie: Shutterstock, Adobe Stock, iStock, The Noun Project

Getty Images: 25.1, 29.2, 56, 68/69; De Agostini:29.1, 37, 49, 93,150; imageBroker: 70, 72/73; Frank Lee: 7, Ute Graowski: 65, Achim Thomae: 74; Westend61: 65 – **Huber Images**: Federica Cattaruzzi: 62; Franco Cogoli: 41; Bernd Grundmann: 54; Norbert Eisele-Hein: 170; Hans-Peter Huber: 60/61; Johanna Huber: 82; Frank Lukassek: 22, 149; Sailer Images: 102/103, 140/141; Luca Scamporlino: 154; Luigi Vaccarella: 79 – **imageBROKER**: Frederik: 168/169; Günter Gräfenhain: 80/81, 119, 124/125; Moritz Wolf: 26.2 – **imago**: 33; Frank Bienewald: 180; Blickwinkel: 143; imageBROKER: 107; Stefan Rotter: 126; Frank Sorge: 27.1; Jochen Tack: 175; H. Tschanz-Hoffmann: 78/79; Shotshop: 146/147; Südtirolfoto: 177; Ulrich Wagner: 133; Westend61: 86, 95, 151, 164/165; **Laif**: Frank Heuer: 35, 163; **Look**: 30; Lukas Furlan: 167; Helmuth Rier: 23 – **mauritius images**: Manfred Kostner: 42/43, 43; Masterfile RM: U5/U6; Novarc Images: 172/173 – **Picture Alliance**: Reinhard Kaufhold: 127; Ulrich Wagner: 88/89; Zoonar: 46/47 – **Seasons Agency**: Jalag/Gregor Lengler: 21; Vivi D'Angelo: 20 – **Shutterstock**: 14/15, 24.2, 25/2, 26/27, 27.2, 28/29, 28.2, 44, 50/51, 84, 91, 96/97, 99, 100/101, 132, 134/135, 158/159, 161, 162 – **stock.adobe.com**: U3/U4, 8, 13, 16, 18/19, 24/15, 26.1, 28.1, 34, 36, 38/39, 45, 52/53, 59, 67, 76, 90, 92/93, 98, 103, 104, 106, 108/109, 110, 113, 115, 116/117, 120/121, 122, 129, 130/131, 135, 136, 139, 142, 145, 152/153, 156/157, 178 – **Wikipedia**: Von Usien: U7

IMPRESSUM

Markenlizenz der ADAC Medien und
Reise GmbH, München

ISBN 978-3-98645-077-9

2., unveränderte Auflage 2023

Autoren: Manuela Blisse und Uwe Lehmann
Text Umschlagklappe hinten: Dr. Carsten Drecoll
Projektleitung: Benjamin Happel
Redaktion: Benjamin Happel, Juliane Helf, Julia Hirner
Lektorat und Satz: Thomas Rach, www.bintang-berlin.de
Bildredaktion: Petra Ender, Nora Goth
Schlusskorrektur: Katharina Grimm, www.bintang-berlin.de
Umschlaggestaltung und Layout: ZERO Werbeagentur
Kartografie: Huber Kartographie GmbH, www.kartographie.de (Planungskarte); Katharina Grimm, www.bintang-berlin.de (Innenkarten)
Herstellung: Felix Robitsch
Druck + Bindung: Florjancic tisk d.o.o., Maribor

GRÄFE UND UNZER

Ein Unternehmen der
GANSKE VERLAGSGRUPPE

Wichtiger Hinweis
Die Daten und Fakten für dieses Werk wurden mit äußerster Sorgfalt recherchiert und geprüft. Wir weisen jedoch darauf hin, dass diese Angaben häufig Veränderungen unterworfen sind und inhaltliche Fehler oder Auslassungen nicht völlig auszuschließen sind, zumal zum Zeitpunkt der Drucklegung die Auswirkungen von Covid-19 auf das Hotel- und Gastgewerbe vor Ort noch nicht vollständig abzusehen waren. Für eventuelle Fehler oder Auslassungen können Gräfe und Unzer, die ADAC Medien und Reise GmbH sowie deren Mitarbeiter und die Autoren keinerlei Verpflichtung und Haftung übernehmen.
Alle Inhalte im Buch wenden sich an und gelten für alle Geschlechter (w/m/d). Soweit grammatikalisch männliche, weibliche oder neutrale Personenbezeichnungen verwendet werden, dient dies allein der besseren Lesbarkeit.

Ansprechpartner für den Anzeigenverkauf:
KV Kommunalverlag GmbH & Co. KG,
MediaCenter München, Tel. 089/928 09 60

Bei Interesse an maßgeschneiderten B2B-Produkten:
b2b-kontakt@graefe-und-unzer.de

Leserservice
GRÄFE UND UNZER Verlag
Grillparzerstraße 12
81675 München
www.graefe-und-unzer.de

Umwelthinweis
Nachhaltigkeit ist uns sehr wichtig. Der Rohstoff Papier ist in der Buchproduktion hierfür von entscheidender Bedeutung. Daher ist dieses Buch auf PEFC-zertifiziertem Papier gedruckt. PEFC garantiert, dass ökologische, soziale und ökonomische Aspekte in der Verarbeitungskette unabhängig überwacht werden und lückenlos nachvollziehbar sind.

Foto: Hawi

URLAUBSZEIT?
CAMPINGZEIT!
Yes we camp!
CAMPING AN SEEN UND FLÜSSEN
DIE SCHÖNSTEN PLÄTZE IN DEUTSCHLAND
Yes we camp!
ALPEN-CAMPING AN SEEN UND FLÜSSEN
DIE SCHÖNSTEN PLÄTZE UND TOUREN
GPX-TRAUMROUTEN
Yes we camp!
SECRET CAMPSITES
KLEINE, CHARMANTE CAMPINGPLÄTZE IN EUROPA
Der Europa-Band zum ERFOLGSTITEL SECRET CAMPSITES

Birnau-Maurach
©shutterstock.com/Conny Pokorny
Yes we camp!
SECRET CAMPSITES
KLEINE, CHARMANTE CAMPINGPLÄTZE IM GRÜNEN
DEUTSCHLAND, ÖSTERREICH UND DIE SCHWEIZ
Yes we camp!
WOHNMOBIL-TOUREN
DURCH SÜDDEUTSCHLAND
MIT GPX-ROUTEN ZUM DOWNLOAD
Yes we camp!
WOHNMOBIL-TOUREN
DURCH NORDDEUTSCHLAND
MIT GPX-ROUTEN ZUM DOWNLOAD

ADAC Service Südtirol

Beim **ADAC Info-Service**, in den **ADAC Geschäftsstellen** sowie auf dem **Internetportal des ADAC** (adac.de) erhalten Sie Informationen zu den Dienstleistungen des Automobilclubs und zu Ihrem Reiseziel. In der ADAC Trips App (adac.de/services/apps/trips, siehe Seite 9) finden Sie Infos zu allen Touren und Sehenswürdigkeiten.
Als **ADAC Mitglied** können Sie das kostenlose **ADAC Tourset® Italien** (adac.de/reisefreizeit/reiseplanung/tourset) mit vielen Reiseinfos und Karten anfordern. Bei Pannen und Notfällen steht Ihnen unser Team rund um die Uhr telefonisch und digital (adac.de/hilfe und ADAC Pannenhilfe App) zur Verfügung.

ADAC Info-Service

T 089 558 95 96 97
Infos zu allen ADAC Leistungen
(Mo–Sa 8–20 Uhr, gebührenfrei)

ADAC Ambulanzdienst

T +49 89 76 76 76
(Erkrankung, Unfall, Verletzung, Transportfragen, Todesfall)

ADAC Pannenhilfe Deutschland

T 089 20 20 40 00, Mobil 22 22 22
(Verbindungskosten je nach Netzbetreiber/Provider)

ADAC Pannenhilfe Ausland

T +49 89 22 22 22
(Verbindungskosten je nach Netzbetreiber/Provider)

Online-Angebote des ADAC für Ihre Reiseplanung

Service	Webadresse
Reiseinspirationen, -planung und -hinweise	adac.de/reise-freizeit/reiseplanung
Aktuelle Verkehrslage	adac.de/verkehr
Individuelle Routenplanung	adac.de/maps
Infos zu Tankstellen und Spritpreisen	adac.de/tanken
Infos zu mautpflichtigen Strecken	adac.de/reise-freizeit/maut-vignette
Infos zu Fährverbindungen	adac.de/faehren
Aktuelle Infos vor Reiseantritt	adac.de/tourmail
Informationen für Camper	adac.de/camping
Informationen für Motorrad- und Oldtimerfahrer	adac.de/reise-freizeit/reisen-motorrad-oldtimer
Informationen für Segler und Skipper	skipper.adac.de
ADAC Reiseangebote	adacreisen.de
ADAC Autovermietung	adac.de/autovermietung
ADAC Versicherungen für den Urlaub	adac.de/versicherungen
Weltweite Preisvorteile für ADAC Mitglieder	adac.de/vorteile-international
Telemedizinische Beratung	adac.de/meinmedical

Auf den Geschmack gekommen? Dann gehen Sie doch auch in weiteren Regionen auf einen **inspirierenden Roadtrip**! Alle Bände gibt es im Buchhandel, bei den ADAC Geschäftsstellen sowie in unserem ADAC Online- Shop (adac.de/shop) und unter www.holiday-books.de.